AI 영상 미장센 분석

AI문고

인공지능 시대입니다. 기계가 인간의 인지를 대신하고, 사물이 인간을 통하지 않고 다른 사물과 직접 커뮤니케이션합니다. 이에 따른 인간 삶과 문명 변화를 정확히 이해·예측·대응하는 것은 이 시대 우리 모두의 과제입니다. AI문고는 인공지능 기술과 환경의 여러 주제를 10가지 키워드로 정리합니다. 관련 개념과 이론, 학계와 산업계의 쟁점, 우리 일상의 변화를 다룹니다. 인간과 기술의 현재, 미래를 세심히 분석합니다.

일러두기

- 인명, 작품명, 저서명, 개념어 등은 한글과 함께 괄호 안에 해당 국가의 원어를 병기했습니다.
- 외래어 표기는 현행 어문규정의 외래어표기법을 따랐습니다.

처음이세요?
전문가세요?

AI 영상 미장센 분석

고재형

대한민국, 서울, 커뮤니케이션북스, 2025

AI 영상 미장센 분석

지은이 고재형
펴낸이 박영률

초판 1쇄 펴낸날 2025년 10월 15일

커뮤니케이션북스(주)
출판 등록 2007년 8월 17일 제313-2007-000166호
02880 서울시 성북구 성북로 5-11
전화(02) 7474 001, 팩스(02) 736 5047
commbooks@commbooks.com
www.commbooks.com

ISBN 979-11-430-1333-0 03500

책값은 뒤표지에 표시되어 있습니다.

차례

생성형 AI와 함께 멈추지 않는 미장센의 진화

영상 예술의 핵심은 단순한 이미지의 나열에 그치지 않는다. 그것은 화면 속에 배치된 사물, 인물, 조명, 색채, 움직임 등의 관계를 통해 말없이도 전달하는 감정과 메시지, 곧 미장센(mise-en-scène)에 의해 결정된다. 장면에서 '무엇이 보이는가', '어떻게 보이는가'를 포함하는 총체적 구성으로서, 시청자의 감각과 감성을 활성화하고 메시지를 은유적으로 전달하는 방식이다(Redmond, 2014). 미장센은 영상의 본질적인 시각 언어이며, 오랫동안 창작자의 세계관과 관객의 감성 사이를 이어주는 가교 역할을 해왔다. 영상 예술의 핵심이라고 할 수 있는 미장센은 화면 속 배치된 모든 시각적 요소를 통해 관객에게 특정한 메시지를 전달하고 감정을 유발하며 서사를 구축하는 중추적인 시각 연출 요소다. 뤼미에르 형제의 1895년 작품 '열차의 도착(L'arrivée d'un train en gare de La Ciotat)'에서 카메라 앞을 가로지르는 기차의 시각적 구도는 단순한 다큐멘터리적 기록을 넘어 관객에게 물리적 공포와 현실감이라는 최초의 시각적 감동을 선보이며, 미장센이 가진 서사적 가능성을 여실히 보여준 바 있다. 이후 수많은 창작자들이 각기 다른 방식으로 미장센을 정의하고 실현하며 영상의 시각적 문법을 확장시켜왔다. 이것은 영상의 역사와 함께 미장센의 진화가 이루어졌다는 것을 의미한다.

영상 비평가 애드리언 마틴(Adrian Martin)은 미장센을 '프레임 내에서 인물과 사물의 배치 및 움직임(공간 구성)이 영상의 의미를 창출하는 핵심 도구'라고 설명한다(Martin, 2015). 그러나 21세기에 들어, 특히 2020년대 중반 이후, 인간 중심의 창작 세계는 커다란 전환점을 맞이하고 있다. 생성형 AI(Generative AI)의 등장은 단순한 기술적 도구의 차원을 넘어, 영상 미학의 근간을 뒤흔드는 새로운 미장센의 표현을 제안하고 있다. 생성형 AI는 단순한 시각 자료의 조합을 넘어, 특정한 미학적 질서와 감성, 상징성에 근거한 영상 및 이미지를 스스로 생성해 낼 수 있다. 이는 역사적으로 창작자가 구성해 온 미장센의 영역을 급진적으로 확장하거나 재구성하고 있다. 스탠퍼드 대학 연구 중 딥러닝 기반의 자동 영상 특징 추출을 통해 영화의 미장센 요소를 자동 식별하고, 이를 추천 시스템에 적용하여 성능을 향상시키는 연구를 수행한 사례가 있다(Deldjoo et al., 2017). 이것은 생성형 AI가 미장센을 구조적으로 이해하고 해석할 수 있음을 보여주는 중요한 사례다. 실제로 OpenAI, DALL-E, Midjourney, Runway와 같은 생성형 AI 플랫폼들은 각자가 학습한 수많은 이미지 레퍼런스를 활용해 인간의 경험에 의존한 창작을 넘어 독창적 이미지 결과물을 제시하며, '생성형 AI가 창의적으로 연출을 할 수 있는가?'에 대한 질문을 실질적 담론으로 끌어올렸다. 생성형 AI가 만든 이러한 변화는 단순히 시각적 스타일의 변화만을 의미하지 않는다. 영상에서 미장센이 의미와 감정을 전달하는 기능을 수행한다는 점을 고려할 때, 생성형 AI의 등장은 미장센의 기획과 해석 과정 모두에 심대한 영향을 끼친다. 예컨대 AI는 특정한 분위기, 시대, 문화적 정서를 담은 시각 구성 요소를 기존 인간의 창작 과정보다 더 빠르게 조합할 수 있으며, 기존에 없던 조합을 통해 새로운 해석의 층위를 만들어 내기도 한다. 이는 미장센의 감각적 기반이 더 이상 인간의 직관에만 의존하지 않음을 시사하며, 생성형 AI를 통한 시각적 특징 추출이 가능하다는 점을 보여준다. 실제로 시각 특징과 딥러닝을 결합해 영상의 미장센 요소를 생성하고 추천 시스템 성능 개선에 활용하였으며(Deldjoo et al., 2017), 생성형 AI가 미장센 구성의 스타일링, 일관성, 시대적 흐름 분석 도구로 기능할 수 있음을 포괄적으로 검토한다(Zhang et al., 2025). 생성형 AI는 대량의 시각 데이터를 분석함으로써 미장센 구성의 통계적 패턴이나 시대적 흐름을 추적할 수 있는 새로운 분석 도구로도 기능하며, 이는 비평의 방법론에도 변화를 예고한다.

이 책은 바로 이러한 문제의식에서 출발한다. 기존의 인간 중심 영상 연출 안에서 발전해 온 미장센의 개념이 생성형 AI라는 새로운 창작 주체와의 만남을 통해 어떻게 변화하고 있는지를 다각도로 탐구한다. 이를 위해 저자는 고전 영상 및 영상 이론가들이 제시한 미장센 개념부터 현대 인공지능 기반의 영상 사례에 이르기까지 영상 미학 일련의 전개를 검토하여 이미지를 분석함으로써 생성형 AI의 가능성과 한계를 확인한다. 이러한 접근은 영상 예술 창작자뿐 아니라 영상 비평가, 인공지능 개발자, 시각적 서사에 관심 있는 많은 연구자들에게 새로운 통찰을 제공할 것이다. 특히 생성형 AI가 인간의 미장센을 어떻게 학습하고 창조하는지 그리고 그 결과가 영상 예술의 본질에 어떠한 질문을 던지는지를 면밀히 성찰함으로써, 우리는 미장센이라는 오래된 개념이 어떻게 다시 태어나고 있는지를 확인하고자 한다.

책의 구성

생성형 AI는 인간을 대체하는 존재가 아니라, 창작자의 창의력과 시각적 감성의 발전에 새로운 방식으로 협력하는 동반자일 수 있다. 이 책이 다루는 '생성형 AI 영상 미장센 분석'은 단순한 기술적 연구가 아니라, 인간과 비인간 주체 간의 창작적 상호작용에 대한 예술적 사유의 결과물이다. 지금 우리는 미장센이라는 개념이 결코 정지된 것이 아님을, 오히려 생성형 AI와 함께 발전하고 있음을 확인할 수 있다.

1장에서는 미장센의 개념과 구성 요소를 정의하고, 연극에서 영상의 확장과 역사적 진화를 살핀다. 이어 거장 감독들의 사례를 통해 미장센의 의미 표현 역할을 분석하고, 현대에 이르러 생성형 AI가 등장하며 미장센 창작 방식과 패러다임이 어떻게 변화하고 있는지, 인간과 AI 협업을 통한 새로운 시각 언어로의 진화를 제시한다.

2장은 생성형 AI가 영상 미장센에 적용되는 구체적 사례를 다룬다. 프리비주얼라이제이션, 스타일 재구성, 가상 세트 제작, 인물 블로킹 · 소품 · 카메라 앵글 제안까지 분석하며, AI가 단순한 도구를 넘어 공동 창작자로 기능하는 새로운 미학적 패러다임을 사례 분석을 통해 제시한다.

3장은 장르별 생성형 AI 미장센을 다룬다. SF · 판타지, 공포 · 스릴러, 로맨스 · 드라마, 다큐멘터리, 뮤직비디오를 중심으로 AI가 각 장르의 시각 문법을 학습 · 재현하며 창의적 가능성을 보여주고, 나아가 장르 경계를 넘어 새로운 영상 예술의 융합 가능성을 제시한다.

4장은 구도의 본질과 AI의 재해석부터 황금 비율 · 삼분할 · 대칭성 등 전통적 원리의 진화, 시선 유도 · 깊이감 구현, 역동적 구도와 파격적 시도 그리고 인간 창작자와의 협업 방법을 탐구한다.

5장은 생성형 AI가 카메라워크를 학습하여 서사적 앵글 선택과 감정선 기반 움직임을 지능적으로 설계하고, 물리적 한계를 초월한 창의적 기법과 인터랙티브 연출을 구현하며, 촬영 감독과 협업하여 영상 미학의 새로운 패러다임을 제시한다.

6장에서는 생성형 AI가 영상 블로킹을 학습 · 분석해 공간 심리 인식, 인물 심리와 표현, 군중 장면 기획, 가상 시뮬레이션을 통해 미장센의 예술성과 효율성을 확장하며 창작자와 협업해 새로운 연출 패러다임을 제시하는 과정을 탐구한다.

7장은 색채가 지닌 물리 · 심리 · 문화적 의미를 바탕으로, 생성형 AI가 방대한 데이터 학습을 통해 색채 심리와 기호학을 분석하고 장르별 색채 패턴을 재해석하며, 서사의 흐름과 감정선에 맞춘 색채 스크립트와 조화·대비하는 전략을 제안한다.

8장은 조명이 서사와 감정을 드러내는 미장센의 핵심 요소 중 하나임을 짚고, 생성형 AI가 전통적 조명 기법을 학습해 심리 표현과 가상 시뮬레이션, 초현실적 조명까지 제안하며 창작자의 상상력을 확장하는 새로운 미학적 가능성을 탐구한다.

9장은 청각적 미장센이 영상 서사의 중요한 요소임을 조명하며, 생성형 AI가 시각·청각의 상관관계를 학습해 소리를 설계하고, 사운드스케이프·배경 음악·음성 연기까지 확장해 몰입과 상상력을 증폭시키는 과정을 탐구한다.

10장은 생성형 AI가 영상 미장센을 혁신하며, 창작자를 최종 디렉터로 재편하고, 탈규범적·개인 맞춤형·인터랙티브 미장센을 가능하게 하며, 메타버스와 XR에서 실시간 반응형 시각 경험을 창출하고, 윤리적 과제와 창의성을 증폭시키는 가능성을 탐구한다.

참고문헌

Deldjoo, Y., et al.(2017). Using Mise-En-Scène Visual Features based on MPEG-7 and Deep Learning for Movie Recommendation. https://doi.org/10.48550/arXiv.1704.06109

Elgammal, A.(2019). AI is Blurring the Definition of Artist. American Scientist.

Martin, A.(2015). What is Mise en scène?. Adrian Martin Film Critic. https://adrianmartinfilmcritic.com/essays/miseenscene.html

Redmond, S.(2014). Explainer: mise-en-scene. The Conversation. https://theconversation.com/explainer-mise-en-scene-27281

Zhang, R. et al.(2025). Generative AI for film creation: A survey of recent advances. https://doi.org/10.48550/arXiv.2504.08296

01
미장센의 개념과 진화

미장센의 전통적 개념과 역사적 변화를 살펴본다. 생성형 AI의 등장으로 인간과 인공지능이 함께 구축하는 영상 제작과 기존 미학의 혁신적 변화를 탐구한다.

기후 위기와 인공지능?

미장센의 의미와 영상적 정의

미장센(Mise-en-scène)은 프랑스어로 '무대에 배치한다'는 뜻을 지닌다. 원래 연극 무대에서 기원한 용어로 배우의 동선, 조명 무대 장치, 소품의 배열 등 시각적 요소 전반을 연출가의 의도에 따라 조작하는 행위를 지칭했다. 하지만 영상이 새로운 매체로 발전하면서 이 용어는 스크린의 프레임 안에서 구현되는 시각적 세계의 모든 구성 요소를 아우르는 핵심 개념으로 확장되었다. 초기 영상 창작자들은 연극적 감각을 영상에 적용하면서도 영상이 가진 시간성과 공간성 시점의 유동성을 활용하여 고유의 시각 언어를 창조해 나갔다. 이 과정에서 미장센은 단순히 화면을 보이게 하는 수단이 아니라 서사를 구축하고 인물의 내면을 드러내며 감정을 유도하고 주제를 드러내는 강력한 의미 생산 장치로 자리매김했다. 영화 이론가 데이비드 보드웰(David Bordwell)과 톰슨(Kristin Thompson)은 그들의 저서 〈필름 아트(Film Art: An Introduction)〉에서 미장센을 '영상의 시각적 스타일의 핵심이자 감독의 의도를 시청자에게 전달하는 시각적 전략'으로 설명한다(Bordwell & Thompson, 2008). 실제로 미장센은 화면 구도, 조명, 색채, 인물의 배치와 블로킹, 소품, 의상, 세트 디자인, 카메라워크 등 수많은 구성 요소들이 유기적으로 결합하여 하나의 총체적 감각을 형성하는 시각적 연출 체계다.

미장센의 구성 요소는 매우 다양하며, 각각이 유기적으로 결합하여 총체적인 시각적 효과를 만들어 낸다. 예컨대 구도는 화면 내 인물과 사물의 배치, 공간 분할, 시선 유도 등을 통해 시각적 균형과 서사적 강조를 이끌어 낸다. 창작자는 인물을 화면의 어느 위치에 놓을지 배경은 어떻게 처리할지 등을 세심하게 결정함으로써 관객의 시선을 유도하고 특정한 의미를 부여한다. 조명은 빛의 방향, 강도, 색온도, 명암, 대비 등을 조절하여 분위기를 조성하며 이를 통해 인물의 심리를 섬세하게 표현하고 공간을 입체적으로 구성한다. 예를 들어, 필름 누아르(Film Noir) 장르에서는 종종 강한 명암 대비와 그림자를 활용하여 인물의 내면적 갈등이나 비극적인 운명을 암시하는데, 이는 조명이 단순히 화면을 밝히는 것을 넘어 서사적 의미를 심화시키는 강력한 도구임을 보여준다(Naremore, 1990). 색채는 특정 색상 팔레트, 색상 대비, 채도, 명도 등의 색을 활용하여 캐릭터의 감정, 상징성 등의 시각적 표현을 전달한다. 가령, 영화 〈아멜리에(Amelie of Montmartre)〉의 전반적인 녹색과 붉은색의 활용은 몽환적이고 따뜻한 파리 분위기를 효과적으로 나타내며 메인 캐릭터의 순수함과 낭만적인 성격을 부각시키는 효과도 있다(Jeunet, 2001). 블로킹 및 인물 배치는 연극 및 영상에서 화면 안의 모든 요소의 움직임, 동선을 의미하는데 특히 인물들의 위치, 동선 그리고 상호간의 물리적 혹은 심리적 거리 설정을 통해 인물 간의 관계와 서사적 의미를 시각적으로 표현한다. 의상, 분장, 소품은 캐릭터의 특성, 사회적 배경, 시대적 분위기를 시각적으로 표현하고 상징적 의미를 부여하여 서사를 완성한다. 예를 들어, 특정 시대극에서 사용되는 고증된 의상과 소품은 관객에게 시대적 몰입감을 제공하며, 캐릭터의 성격을 암시하는 중요한 단서가 되기도 한다(Monaco, 2000). 영상 미술은 창작자가 전달하고자 하는 메시지를 인물과 공간을 통해 시각적으로 구현하는 작업으로 주로 세트 디자인 및 배경 등으로 이루어진다. 이는 시대, 장소, 분위기를 제시하고 인물과 공간의 상호작용을 통해 의미를 전달하는 핵심적 역할을 수행한다. 마지막으로 카메라워크는 카메라의 앵글, 움직임(팬, 틸트, 트래킹, 줌 등)을 통해 영상의 리듬과 흐름, 시점 그리고 서사적 긴장감을 구성한다. 이처럼 미장센은 영상의 모든 시각적 구성 요소들이 창작자의 의도에 따라 유기적으로 결합하여 특정한 분위기와 메시지를 전달하는 핵심적인 영상 언어인 것이다.

미장센의 역사적 발전

미장센은 시대에 따라 그 기능과 해석 방식이 진화해 왔다. 무성 영화 시대에는 기술적 한계로 인해 배우의 위치와 단순한 세트 구성 중심의 정적 미장센이 일반적이었다. 이 시기에는 기술적 제약으로 인해 한정된 공간과 고정된 위치에서 미장센이 구현될 수밖에 없었다. 그러나 20세기 초반 독일의 표현주의 영화와 프랑스의 인상주의 영화 등을 통해 미장센은 단순한 영상 기법을 넘어 창작자의 내면세계와 추상적인 메시지를 시각적으로 표현하는 강력한 도구로 발전하기 시작했다. 독일 표현주의 영화에서는 과장된 세트 디자인과 비현실적 조명이 미장센을 통해 인간의 내면과 심리를 시각적으로 표상하려는 시도가 두드러졌다. 프리츠 랑(Fritz Lang)의 〈메트로폴리스(Metropolis)〉는 고딕 건축과 기계 문명의 대비를 통해 사회적 메시지를 시각적으로 구현한 대표적 사례로 평가받는다. 프랑스 인상주의 영화, 소비에트 몽타주 이론이 강조된 영상들 또한 미장센과 편집의 관계를 다르게 구성하며 당시의 새로운 시각 언어를 실험했다. 1941년 오손 웰즈(Orson Welles)는 영화 〈시민 케인

(Citizen Kane)〉에서 딥 포커스(Deep Focus)와 장면 지속 촬영(Long Take)을 통해 전경, 중경, 후경을 동시에 포착하는 복합적 공간 구성을 구현함으로써, 미장센이 단순한 배경 장치가 아니라 서사 자체를 표현하는 장치로 기능할 수 있음을 선명히 보여주었다. 이는 몽타주적 편집에 의존하지 않고 하나의 숏 안에서 다층적인 의미를 생성하는 새로운 미학의 가능성을 제시한 것이었다. 영화 평론가 앙드레 바쟁(André Bazin)은 딥 포커스 미장센이 관객에게 현실과 유사한 복합성을 제공하며 영화의 사실주의적 특성을 강화한다고 주장하였다. 이후 앨프레드 히치콕(Alfred Hitchcock)은 프레임 속 긴장과 블로킹을 극단적으로 활용하며 관객의 심리를 조종하는 정교한 미장센 전략을 펼쳤고 전략적인 미장센을 구축했다. 히치콕의 영화 〈사이코(Psycho)〉에서 마리온 크레인이 샤워하는 장면의 미장센은 극도로 긴장감을 유발하며 공포감을 증폭시키는데, 이는 공간 구성, 조명, 오브제의 배치가 얼마나 심리적 효과를 극대화할 수 있는지 보여주는 대표적인 사례다(Truffaut, 1967). 구로사와 아키라(Akira Kurosawa)는 자연 환경, 구름의 흐름, 인물의 위치와 움직임을 통해 거대한 드라마를 시각적으로 표현했다. 이렇듯 거장 감독들의 영화에서 미장센

은 대사나 플롯을 넘어 정적인 이미지 속의 서사의 의미를 구축하는 연출적 언어로 기능하였다. 미장센은 감독의 예술적 비전과 철학을 가장 직접적으로 시각화하는 수단이다.

생성형 AI의 등장과 미장센 패러다임의 변화

21세기 중반, 생성형 AI의 등장은 미장센의 개념과 그것의 실천 방식에 전례 없는 변화를 예고하고 있다. Midjourney, DALL-E, Runway, Sora 등 생성형 AI 플랫폼들은 텍스트 프롬프트라는 언어적 지시만으로 특정 분위기, 시공간, 스타일을 갖춘 이미지를 시각적으로 생성해 낸다(Epstein, Z., et al., 2023). 이 기술은 미장센을 구성하는 개별 요소들을 자동으로 생성 및 조합할 수 있으며, 이는 기존의 세트 제작, 조명 설계, 의상 디자인 심지어는 인물 블로킹에 이르기까지 광범위한 영역을 대체하거나 지원하는 역할을 하고 있다. 예를 들어, 오픈AI(OpenAI)가 공개한 Sora는 단 몇 줄의 텍스트만으로도 고품질의 영상 클립을 생성할 수 있어 이는 저예산 영상 제작자나 소규모 스튜디오에도 고품질의 미장센을 구현할 수 있는 기회를 제공한다. 이는 기존 영상 제작의 진입 장벽을 낮추는 동시에, 더욱 다양한 시각적 실험을 가능하게 한다(OpenAI, 2024). 생성형 AI는 방대한 시각 데이터를 학습하여 인간이 미처 상상하지 못했던 독창적이고 신선한 미장센을 제안한다. 예를 들어, 특정 예술 사조의 미학적 특징을 학습하여 이것을 전혀 새로운 장면이나 환경에 적용하거나 현실에서는 구현이 불가능한 가상의 공간 또는 오브젝트를 생성하여 영상의 시각적 스펙트럼을 넓힌다. 이것은 예술가들이 기존의 한계를 넘어설 수 있도록 영감을 제공하며 비현실적이고 초현실적인 미장센을 통해 새로운 시각적 경험을 선사할 수 있게 한다. 생성형 AI는 단순한 기술적 도구를 넘어서, 미장센의 창작 주체와 과정 자체에 대한 재정의를 요구하는 지점에 이른다. 기존의 창작자가 일방적으로 모든 시각 요소를 설계하던 방식에서 이제는 생성형 AI가 제안하는 시각적 초안을 창작자가 수용하고 조율 및 보완하는 방식으로 협업 구조가 바뀌고 있다. 이러한 방식은 영상 예술의 다양화를 가능케 하기도 한다. 예산이나 자원이 제한된 소규모 창작자들도 생성형 AI의 도움을 받아 고퀄리티의 시각 미장센을 구현할 수 있기 때문이다. 나아가 생성형 AI는 창작자가 상상하지 못한 혹은 차마 도전하지 못한 형태와 색채의 조합을 제안하며 인간의 상상력에 도전장을 내밀고, 예술적 상호작용의 새로운 국면을 열어간다(Elgammal, A., 2019). 이제 미장센은 인간의 손끝에서만 태어나는 것이 아니다. 생성형 AI는 인간 창작자의 조력자이자 공동 연출자로서, 미장센의 새로운 해석자 역할을 수행하고 있다. 특히 생성형 AI는 미장센을 수치화하고 시각화함으로써 새로운 비평적 관점도 가능케 한다. 예를 들어, 레프 마노비치(Lev Manovich)는 문화 분석(Cultural Analytics) 분야의 선구자로, 데이터 과학과 시각화를 활용해 대규모 이미지 및 영상 컬렉션의 시각적 스타일을 분석해 왔다. 이는 생성형 AI가 미장센의 감각적 기반을 인간 직관에만 의존하지 않고, 통계적 패턴으로 예술을 분석하고 창작할 수 있다는 주장과 부합한다(Manovich, 2018). 이렇듯 미장센은 고정된 개념이 아니다. 그것은 시대의 기술, 문화, 미학의 흐름 속에서 유기적으로 변화해 온 영상 언어이며, 오늘날 생성형 AI와의 융합을 통해 또 한 번의 변환기를 맞이하고 있다. 창작자와 인공지능이 협업하는 이 새로운 창작 환경 속에서 미장센은 더욱 복합적이고 실험적인 방향으로 진화하고 있다. 이제 미장센은 단지 연출의 기술이 아닌 인간과 인공지능이 함께 구축해 나가는 시각적 공통 언어가 되어가고 있다.

참고문헌

Bazin, A.(1967). *What is Cinema? Vol. 1.* In Gray, H.(trans.). University of California Press.

Bordwell, D. & Thompson, K.(2008). *Film Art: An Introduction.* McGraw-Hill Education.

Elgammal, A.(2019). AI is Blurring the Definition of Artist. American scientis.

Epstein, Z. et al.(2023). Art and the science of generative AI: A deeper dive. arXiv:2306.04141.

Jeunet, J. P.(2001). 〈Amélie〉. Miramax Films.

Manovich, L.(2018). *AI Aesthetics. Moscow:* Strelka Press.

Monaco, J.(2009). *How to Read a Film: Movies, Media, and Beyond.* Oxford University Press.

Naremore, J.(1998). *More than Night: Film Noir in Its Contexts.* University of California Press.

OpenAI(2024.2.15). Introducing Sora: Creating video from text. https://openai.com/Sora

Truffaut, F.(1967). *Hitchcock.* Simon and Schuster.

Wikipedia. Lev Manovich. https://en.wikipedia.org/wiki/Lev_Manovich

02
생성형 AI 미장센 사례 분석

생성형 AI 기술이 실제 영상 미장센의 다양한 국면에서 어떻게 구현되고 있는지 알아본다. 또 구체적인 활용 사례들을 심층적으로 분석하여 생성형 AI가 영상 예술의 전통적인 패러다임을 어떻게 재구성하고 새로운 미학적 가능성을 구성하는지 다각도로 확인해 본다.

노래하는 AI 보컬?

생성형 AI가 만든 미장센의 도약

현대 영상 제작의 지형은 생성형 AI(Generative AI)의 등장으로 경이로운 변혁의 시대를 맞고 있다. 생성형 AI 기술은 영상 제작에 존재하는 전통적인 경계를 허물고, 미장센을 통해 창의성과 기술이 성공적으로 융합된 새로운 패러다임을 제시하고 있다. 기존의 제작 방식이 창작자의 직관과 제작 경험에서 나오는 지식에 크게 의존했다면, 생성형 AI는 방대한 데이터 기반 학습과 정교한 알고리즘 분석을 통해 전에는 상상하지 못했던 새로운 방향의 창작 가능성을 무한히 확장시키고 있다. 인공지능은 때로는 창작자조차 미처 상상하지 못했던 혁신적인 아이디어와 영상 스타일을 제공하며, 단순한 기술적 보조 도구를 넘어선 수준 높은 공동 창작자로서의 역량을 유감없이 발휘하고 있다. 더 이상 막연한 미래의 기술적 환상이 아닌 현재 상용되고 있는 선도적인 생성형 AI 플랫폼들은 이미 우리의 일상에 깊숙이 파고들어 영상 예술의 미학적 가능성을 재구성하는 데 기여하고 있다.

아이디어 구상 및 프리비주얼라이제이션

영상 제작의 초기 단계에서 생성형 AI는 프리비주얼라이제이션(Pre-Visualization)과 아이디어 구상에서 매우

유용하게 활용되고 있다. 프리비주얼라이제이션은 흔히 '프리비즈(Previs)'라 불린다. 이 개념은 영상 제작에서 매우 중요한 사전 시각화 과정이다. 이는 실제 촬영에 앞서 장면의 비주얼, 카메라 움직임, 조명, 인물 배치 등을 시뮬레이션하여 시각화하는 과정으로 창작자, 감독이나 제작팀이 명확한 비전과 구체적 계획을 설계하고 공유하도록 돕는다. 프리 프로덕션 단계가 전체 제작 과정의 방향성과 완성도를 결정짓기 때문에, 프리비즈 단계의 중요성은 아무리 강조해도 지나치지 않는다. 생성형 AI는 바로 이 단계에서 이전에는 볼 수 없었던 효율성과 창의성을 동시에 제공하며, 기존의 워크플로를 근본적으로 변화시키고 있다. 텍스트 프롬프트 기반의 이미지 생성은 텍스트-투-이미지 기술(Text-to-Image)로, Midjourney, DALL-E, Stable Diffusion 등의 플랫폼을 통해 구현되며 이는 창작자의 추상적 상상을 구체적 이미지로 빠르게 전환할 수 있게 한다. 예컨대, 어느 창작자가 '황혼의 해변에서 붉은 노을이 물든 하늘 아래 고요히 서 있는 한 인물'이라는 텍스트 프롬프트를 입력하면, 생성형 AI는 다양한 스타일과 색감의 이미지를 단 몇 초 내에 제시한다. 이는 기존 콘셉트 아트 제작보다 시간과 비용을 현저히 절감시키며 창작자에게 수십 가지의 시각적 대안 및 영감을 제시할 수 있다(Ramesh et al., 2022). 또한 특정 예술 사조(인상주의, 초현실주의), 조명 조건(역광, 그림자), 구도(황금 분할, 대칭), 색채(모노톤, 파스텔톤) 등을 시뮬레이션 및 학습하여 창작자의 요구를 눈 깜짝할 사이에 충족시킨다. 이는 창작자의 기존 창작 제약을 넘어선 과감한 시도를 가능하게 한다. OpenAI의 Sora는 텍스트 프롬프트로 최대 60초 길이의 고화질 영상을 생성할 수 있으며, 이는 프리비즈에서 초기 영상 모션과 스타일 레이아웃을 AI 기반으로 구현하는 혁신적 사례로 주목받고 있다(O'Callaghan, 2024). 이는 실제 촬영 전에 카메라 동선, 인물 배치, 조명 효과 등을 시뮬레이션 할 수 있도록 돕는다. 특히 이러한 기능은 시나리오 초안 작성에서 미장센을 시각적으로 실험하고 조정하는 데서 강력한 피드백 루프 역할을 하며 창작 과정 전반에 직관적 사고의 확장을 유도한다. '황혼의 해변에서 붉은 노을이 물든 하늘 아래 고요히 서 있는 한 인물'과 같은 간결한 프롬프트 입력만으로도 실제 촬영 전 카메라 움직임, 인물 동선, 조명의 변화까지 포함한 정교한 프리비전 제작 계획을 시뮬레이션 할 수 있다. 이는 창작자가 실제 제작에 돌입하기 전 미장센의 미학적, 서사적 효과를 명확하게 예측하고 필요한 수정 작업을 선제적으로 수행할 수 있도록 돕는다.

미장센 스타일의 재해석과 재구성

생성형 AI 기술은 영상 제작 워크플로에 통합되어 캐릭터 일관성 유지, 스타일 일관성 확보, 동작 연속성 보장 등의 핵심 전략을 통해 새로운 예술적 표현을 가능하게 한다(Zhang et al., 2025). 생성형 AI는 단순히 기존 미장센의 스타일을 학습하고 모방하는 수준을 넘어, 이를 새로운 방식으로 유려하게 적용하거나 특정 미장센 요소를 독창적으로 변형하여 다채로운 시각적 경험을 창출하는 '스타일 트랜스퍼(Style Transfer)' 역할을 보여준다. 영상 분야에서 새로운 미학적 패러다임을 제시하는 생성형 AI는 새로운 개념의 카메라 앵글, 비대칭적 구도, 예상치 못한 색채 대비와 같은 요소를 적용하여 시청자에게 신선한 충격을 선사한다. 특히 생성형 AI는 창작자가 설정한 예술 영상의 방향성을 기반으로 수많은 대안을 제시하고, 창작자는 이것을 활용해 새로운 영감을 받으며 기존 영상 제작 방식의 한계를 넘어서는 독창적인 결과를 만들 수 있게 한다. 이러한 생성형 AI의 스타일 재현 능력은 디지털 미학의 새로운 언어를 구축한다. 예를 들어, 데이비드 린치(David Lynch)의 초현실주의적 영상미나 안드레이 타르콥스키(Andrei Tarkovsky)의 몽환적 롱테이크 장면들도 생성형 AI 학습을 통해 의도된 감정의 깊이와 시각적 시간 감각을 재현할 수 있으며, 이를 새롭게 혼합한 형태의 미장센으로 발전시키기도 한다. 이는 마치 거장의 화풍을 학습한 생성형 AI가 새로운 그림을 그리듯 기존 감독의 미장센 언어를 이해하고 새로운 맥락에서 재창조하는 과정과 유사하다. 생성형 AI가 단순한 재현 기계를 넘어서, 창작자와 협력하여 정서적 깊이를 더하고 새로운 서사적 가능성을 함께 탐색하는 창작 협력자로 기능할 수 있음을 보여준다. 창작자 고유의 미장센 스타일을 심층적으로 학습하고 적용하는 능력은 생성형 AI의 독보적인 강점이다. 특정 감독의 고유한 미장센 스타일, 웨스 앤더슨(Wes Anderson) 감독의 트레이드마크인 완벽한 대칭적 구도와 파스텔톤의 독특한 색감, 또는 봉준호 감독의 상징적 특징인 미스터리한 공간 활용과 사회 계층적 암시를 담은 영상 미장센을 생성형 AI는 대규모 데이터 학습을 통해 미세한 패턴까지 학습한다.

특정 부분 조건을 기반으로 한 생성형 AI 모델은 특정 인풋 이미지의 구도, 스타일의 질감, 조명, 색감 심지어 특정 분위기까지 섬세하게 적용하여 전혀 새로운 장면을 생성할 수 있다. 이는 기존 작품에 대한 깊이 있는 오마주를 가능케 할 뿐만 아니라 기존 미학적 미장센의 특징을 생성형 AI가 계승하고 발전시키는 새로운 형태의 예술적 융합을 만들어 낸다.

미장센 요소의 재구성 또한 생성형 AI의 중요한 활용 분야다. 이미 촬영된 영상 요소를 선택적으로 변경하여 다양한 버전의 영상을 생성하는 것은 이제 보편적인 기술로 변화하고 있다. 예를 들어, 한낮에 촬영된 평범한 사무실 장면의 조명 환경을 어두운 밤이나 황혼녘의 분위기로 변경하거나 특정 인물의 의상 색상 혹은 스타일을 변경하여 심리적 변화를 암시하는 등의 고난이도 작업을 생성형 AI를 통해 놀랍도록 신속하고 정교하게 완성할 수 있다.

영화 〈조커(Joker)〉에서 아서 플렉의 내면 변화를 그의 의상 색상 변화로 암시하듯, 생성형 AI의 역할은 이러한 시각적 암시를 후반 작업에서 더욱 유연하게 실험하고 표현할 수 있게 돕는 것이다. 이러한 유연한 변형 능력은 후반 작업에서 미장센의 다양한 실험을 가능케 하며, 창작자의 예술적 표현의 자유를 극대화하고 작품의 미학적 완성도를 한 차원 끌어올린다.

영상에서 디지털 세트 제작, 실제보다 더 실제 같은 가상 공간

딥러닝 기반 생성 모델을 활용해 구축된 공간에서 3D 배치를 생성하는 기술은 물리적 세트 제작의 시간과 비용을 크게 절감할 수 있다(Luo et al., 2020). 생성형 AI 기술은 영상의 세트 디자인에서 중요한 혁신을 불러오고 있다. 과거에는 촬영 세트를 설계하고 구축하는 데 많은 시간과 비용이 소요되었지만, 생성형 AI는 가상의 공간을 정교하고 빠르게 설계할 수 있는 능력을 발휘하여 시간과 비용을 절감하게 한다. 실제 촬영이 불가능에 가깝거나 막대한 시간과 비용이 소요되는 복잡한 디자인 및 광활한 가상 환경 구축은 생성형 AI의 가장 강하고 파급력 있는 활용 분야 중 하나로 손꼽을 수 있다.

사실적이고 다양한 실내 가구 배치를 자동으로 합성하는 능력은 많은 응용 분야를 가능하게 하고 (Paschalidou et al., 2021), 텍스트-투-3D(Text-to-3D)에 중점을 두고, 텍스트 프롬프트를 기반으로 장면의 3D 랜더링까지 가능케 한다(Lin et al., 2023). 생성형 AI는 물리적, 재정적 한계를 초월하여 창작자의 상상력을 현실로 구현하는 마법과 같은 능력을 발휘한다. 생성형 AI 기술로 실시간 세트 디자인을 설계하는 것은 이미 영상 산업의 판도를 바꾸고 있다. '거대한 스팀펑크(Steampunk) 양식의 도시 전경, 톱니바퀴와 증기로 가득 찬 복잡한 구조물들이 하늘을 찌르는 가운데, 음울하게 간헐적으로 비추는 빛'과 같은 비현실적이면서도 섬세한 배경은 생성형 AI가 고급 3D 모델링 및 실시간 렌더링 기술과 융합하여 한 단계 고품질의 놀랍도록 현실감 있는 모습으로 구현될 수 있다.

생성형 AI는 기존 건축 양식, 자연 지형 심지어 우주 공간에 대한 방대한 시각 데이터를 학습하여, 창작자가 원하는 가장 미세한 디테일과 특정한 분위기를 정확하게 반영한 가상 세트를 생성할 수 있다. 이는 영화 〈듄(Dune)〉이나 〈아바타(Avatar)〉와 같은 대규모 SF 및 판타지 블록버스터 제작에도 도움을 주었으며, 여기에 높은 기술력의 생성형 AI 기술을 더한다면, 향후 영상 산업의 시각적 스케일에 큰 도약을 이룰 수 있다. 또한 후반 작업에서 배경을 조정하는 기술은 생성형 AI의 뛰어난 능력을 보여준다. 생성형 AI는 해당 요소만을 특정하여 렌더링 후 새로운 시점의 사실적 합성을 할 수 있다(Martin-Brualla et al., 2021). 실제 촬영된 제한적인 배경을 생성형 AI가 학습하여 불모의 사막이나 울창한 원시림과 같이 끝없이 펼쳐진 광활한 자연 환경으로 변경하거나 변화한 미래 도심 풍경으로 변경할 수 있다. 이러한 기술은 기존의 매트 페인팅(Matte Painting)의 단순 합성 개념을 뛰어넘는 수준이다. 생성형 AI는 단순한 이미지 확장을 넘어 카메라의 움직임에 따라 배경의 깊이감과 원근감을 유려하게 유지하며 자연스러운 시차(Parallax) 효과까지 구현한다. 이는 관객에게 완벽한 몰입감을 선사하며 창작자가 시간, 날씨, 지리적 제약 없이 원하는 배경을 자유자재로 구현할 수 있게 함으로써 창작의 자유도를 비약적으로 증진시킨다. 이러한 기술은 대규모 도시 전경, 판타지 세계, 역사적 장소와 같은 복잡하고 실제 촬영이 불가능한 환경을 구현 가능하게 제작한다. 나아가 생성형 AI는 촬영 전 각 장면의 조명과 카메라 앵글을 시뮬레이션 하여 창작자가 선택할 수 있는 다양한 옵션을 제공함으로써 선택의 폭을 넓히고 시간과 비용의 제약을 크게 줄일 수 있다. 또한 생성형 AI가 생성한 세트는 인간이 제작한 실제 세트보다 훨씬 더 세밀하고 정교한 디테일을 제공할 수 있어 시각적 완성도를 극대화한다.

미장센 요소의 자율적 배치

생성형 AI 기술은 사용자의 시선에 따라 시각적 콘텐츠를 생성하는 사용자 상호작용 시스템으로, 이미지 및 비디오의 생성, 추가, 삭제, 재배치 등을 실시간으로 수행할 수 있다(Hsieh et al., 2024). 또한 생성형 AI의 활용은 시청자의 반응을 예측하는 데에도 응용되고 있다. 생성형 AI는 시청자의 시선을 특정 요소로 유도하고 메시지를 직관적으로 전달할 수 있는 구성을 제안한다. 시청자 시선 추적 데이터와 결합된 미장센 설계는 장면 구성의 효과를 실시간으로 테스트하고, 인물 배치나 조명 변경이 감정 전달에 미치는 영향을 측정할 수 있는 정교한 분석 도구로 발전하고 있다. 이를 위해 생성형 AI는 과거의 성공적인 영상 작품들을 분석하여 효과적인 시각적 패턴을 학습하며 단순한 규칙 기반의 연출을 넘어선 지능적 배치를 가능하게 한다. 이것은 사용자 경험(UX) 기반의 영상 설계로 확장되어, 광고 영상이나 인터랙티브 콘텐츠에서 맞춤형 미장센 디자인이 가능하게 만든다.

인물 배치 및 블로킹에서 생성형 AI는 스크립트의 대화 내용, 인물의 미묘한 감정 상태 변화 그리고 장면의 서사적 긴장감 등을 다층적으로 분석하여 화면 안 인물들의 최적화 된 위치와 동선을 제안하고 실행한다. 이러한 시스템은 숏 디자이너(Shot Designer)와 같은 영상 연출 도구에 생성형 AI 기능을 결합하여 현실화되고 있으며,

생성형 AI가 연출자의 의도를 예측하고 보완하는 수준에 도달하고 있다. 예를 들어, 극심하게 대립하는 두 인물의 심리적 긴장감을 극대화하기 위해 그들의 물리적 간격을 미세하게 조절하거나 특정 인물의 고립감이나 소외감을 강조하기 위해 캐릭터를 화면 프레임의 한쪽 구석에 배치하는 등의 복합적인 블로킹 패턴을 생성형 AI가 자동으로 생성한다. 이것은 원래 창작자의 섬세한 연출력과 오랜 경험에 크게 의존하던 영역에서 생성형 AI의 정교한 데이터 학습 능력이 발휘되는 지점이다.

소품 구성에서도 생성형 AI는 영상 작업물 장면의 분위기와 인물의 성격 그리고 서사적 맥락에 부합하는 소품들을 방대한 데이터를 통해 전략적으로 선별하거나 필요에 따라 새로운 소품을 생성하여 작품의 환경과 완벽한 조화를 만들어 낸다. 예를 들어, 인물의 심란하고 혼란스러운 내면 상태를 시각적으로 암시하기 위해 책상 위에 무질서하게 흐트러진 서류와 깨진 컵, 그리고 비스듬히 놓인 액자를 배치하는 등 소품을 통한 입체적인 서사적 암시까지 고려하는 능력을 보여준다. 이는 프로덕션 디자이너의 직관과 노하우를 보완하며 더욱 풍부하고 상징적인 미장센을 가능하게 한다.

카메라 위치 및 앵글도 제안할 수 있다. 생성형 AI는 영상이 제공하는 장면의 서사적 목표를 달성하기 위한 최적의 카메라 위치와 앵글을 제시하는 또 다른 핵심 기능을 갖고 있다. 예를 들어, 인물의 권위를 강조하거나 관객에게 숨겨진 진실을 엿보는 듯한 비밀스러운 시점을 제공할 수 있다.

결과적으로 생성형 AI는 영상 미장센의 패러다임을 변화시키는 핵심 매개체로 자리매김하고 있다. 이러한 심층적인 사례 분석을 통해 생성형 AI가 단순한 제작 도구를 훨씬 넘어, 미장센의 창의적 발상과 구현에서 실질적인 공동 창작자로서 기능하고 있음을 뒷받침한다. 생성형 AI가 제작한 영상 미장센은 기존의 인간 중심적 미장센과 뚜렷하게 차별되는 고유의 특성을 갖는다. 기존에는 불가능하거나 비효율적이었던 장면 설계가 생성형 AI의 도움으로 즉시 실현 가능해졌으며, 이는 단지 기술적 보완을 넘어서 예술적 창의성의 새로운 지평을 여는 사건이라 할 수 있다. 이는 영상 예술에 새로운 미학적 가치를 부여하고 창작의 영역을 무한히 확장하는 강력한 촉매제가 된다. 궁극적으로 생성형 AI 시대의 미장센은 인간의 깊이 있는 상상력과 생성형 AI의 인공지능 능력이 융합하여 빚어내는 새로운 시각 언어의 탄생을 의미하며, 이는 앞으로도 계속해서 진화하고 발전할 것이다. 이러한 변화는 영상 예술 전반에 깊은 미학적, 산업적 영향을 미치며 창작자의 상상력과 기술이 융합되는 시대의 본격적인 서막을 알리고 있다.

참고문헌

Hsieh, H.-Y., et al.(2024). GazeGen: Gaze-Driven User Interaction for Visual Content Generation. https://arxiv.org/abs/2411.04335

Lin, C.-H., et al.(2023). Magic3D: High-Resolution Text-to-3D Content Creation. *CVPR*, pp.300~309.

Luo, A. et al.(2020). End-to-End Optimization of Scene Layout. arXiv:2007.11744.

Martin-Brualla, R. et al.(2021). NeRF in the Wild: Neural Radiance Fields for Unconstrained Photo Collections. *CVPR*, pp.7206~7215.

O'Callaghan, J.(2024). How OpenAI's text-to-video tool Sora could change science - and society. Nature, 627, pp.475~476.

Paschalidou, D. et al.(2021). ATISS: Autoregressive Transformers for Indoor Scene Synthesis. arXiv:2110.03675.

Ramesh, A. et al.(2022). Hierarchical Text-Conditional Image Generation with CLIP Latents. OpenAI Research Papers.

Zhang et al.(2025). Generative AI for Film Creation: A Survey of Recent Advances. https://doi.org/10.48550/arXiv.2504.08296

03

장르별 생성형 AI 영상 미장센 분석

SF, 공포, 로맨스, 다큐멘터리, 뮤직비디오 등의 장르를 중심으로 생성형 AI가 미장센 구성에 어떻게 적용되고 있는지 분석한다. 이를 통해 생성형 AI 기술이 단순한 도구적 활용을 넘어 장르의 표현 영역을 확장하는 창조적 파트너로서의 역할을 수행하고 있음을 밝히고자 한다.

인공지능과 편향?

장르와 미장센의 긴밀한 관계

영화의 장르는 영화 제작 스타일과 기법에 영향을 준다(Wikipedia). 영상에서 각 장르는 고유한 서사적, 미학적 문법을 내포하고 있으며, 이러한 특성은 미장센의 구성과 활용 방식에 직접적인 영향을 준다. 장르는 단순히 이야기의 분류 체계가 아닌, 특정한 시각적 문법과 감정적 문맥을 내포하는 영상 언어의 체계다. 특히 영상미학의 핵심 요소인 미장센은 장르의 특성과 긴밀하게 결합되며 공간의 구성, 조명, 색채, 의상, 오브제, 카메라 움직임을 통해 서사의 분위기와 정서적 함의를 시각적으로 구현한다.

생성형 AI의 대규모 데이터 기반 예술 생성 기술은 그 자체의 고유한 가능성을 지닌 새로운 매체의 능력을 갖는다(Epstein et al., 2023). 생성형 AI는 이러한 장르별 시각적 규칙과 정서를 학습하고 분석함으로써, 장르의 본질을 직관적으로 이해하고 그것을 재현하거나 확장하는 데 뛰어난 능력을 발휘한다.

SF 및 판타지, 상상력의 현실화

확산 모델(Diffusion Models)은 특정 예술적 창의성이나 전문적인 지식을 요구하는 프롬프트로부터 이미지를 생성할 수 있다(Yao et al., 2024). SF(Science Fiction)와 판타지 장르는 현실에서 구현하기 어려운 세계관과 초월적인 비주얼을 필요로 한다는 점에서 생성형 AI의 가장 강력한 활용 분야 중 하나로 손꼽힌다. SF와 판타지 장르는 고도의 시각적 상상력이 요구되는 분야로, 현실 세계의 규칙을 초월한 세계관 구축이 핵심이다. 생성형 AI는 Stable Diffusion이나 Midjourney와 같은 텍스트-투-이미지 및 3D 생성 모델 플랫폼을 통해 복잡한 가상 세계를 시각화한다. 예를 들어 '초저중력 환경에서 부유하는 수정 구조의 도시, 청록색 대기와 기계 생명체가 서식하는 행성'이라는 프롬프터를 입력하면, 생성형 AI는 물리적 가능성에 얽매이지 않는 상상의 공간을 수 초 내에 시각화 할 수 있다. 방대한 데이터셋을 기반으로 외계 행성의 황량한 풍경, 미래 도시의 번화한 스카이라인 혹은 기괴한 형태의 생명체 등을 놀랍도록 사실적으로 구현한다. 이러한 기능은 기존 CG나 콘셉트 아트 작업보다 발전적인 것으로 장면의 기후 조건, 조명, 생태, 건축 양식 등 세계관의 조형 원리를 전략적으로 고려한다. 또한 SF 장르의 영상 언어에 자주 등장하는 고대적-미래적 혼합 구조[예: 영화 〈블레이드 러너(Blade Runner)〉, 〈듄(Dune)〉] 역시 생성형 AI의 다중 데이터 융합 능력으로 구현이 가능하다. 생성형 AI는 고대 바빌로니아 건축 양식과 고속 승강기 구조를 조합하여 새로운 양식을 도출하는 등 창작자가 상상하지 못한 미장센을 제시함으로써 창작자의 상상력 자체를 확장시킨다.

공포 및 스릴러: 심리적 불쾌감의 정교한 연출

공포 장르에서의 미장센은 단지 시각적 장식이 아닌, 공포의 직접적 발현 도구다. 공포 장르에서는 미묘한 시각적 요소가 관객의 심리를 직접적으로 자극하여 긴장감과 공포를 조성하는 데 결정적인 역할을 한다. 생성형 AI는 이러한 장르적 특성을 깊이 이해하고 인간의 심리에 영향을 미치는 시각적 패턴을 학습하여 공포 유발에 최적화된 미장센을 제안한다. 생성형 AI 모델의 조명 제어(Lighting Control) 기능을 활용해 이미지 생성 단계에서 영상의 전반적인 분위기를 설정하는 등 다양한 예술적 측면에서 매우 중요하다(Kocsis et al., 2024). 생성형 AI는 키아로스쿠로(Chiaroscuro), 테네브레(Tenebre), 하이 콘트라스트 등의 고전적 시각 전략을 학습하며 강렬한 명암 대비를 통해 불안감을 조성하는 데 탁월하다. 예를 들어 인물의 얼굴 절반만을 조명하거나, 예측 불가능한 곳에 날카롭거나 기괴한 형태의 소품을 배치하여 관객의 불안감을 고조시킬 수 있다. 이러한 조명과 그림자의 대비, 병적인 고통을 표현하는 녹색, 피를 연상시키는 진홍색의 활용을 통한 색조의 미묘한 변화 등은 관객의 심리적 불쾌감을 유발하는 데 효과적인 미장센을 창조한다.

생성형 AI는 특히 인간의 심리 반응에 영향을 주는 시각적 변칙(Visual Anomaly)을 학습하여 비정상적 시점, 왜곡된 공간, 불균형적 블로킹을 제안함으로써 무의식적 불쾌감을 유발한다. 이는 영화 〈컨저링(The Conjuring)〉 시리즈에서 미스터리한 분위기를 조성하는 데 활용된 음산한 조명이나 〈미드소마(Midsommar)〉의 과도하게 밝은 공포 혹은 〈겟아웃(Get Out)〉에서 미묘하게 비틀린 공간 구성이 관객에게 주는 심리적 압박감을 학습하여 새로운 효과를 생성형 AI가 창의적으로 재현하거나 재창조할 수 있음을 의미한다. 생성형 AI는 이렇게 예상치 못한 시각적 긴장감이나 불안을 창의적으로 화면에 적용하여 관객의 불안을 자극하는 새로운 기법의 재창조 능력을 갖추고 있다. 연구자 맥앤드류(McAndrew)는 공포 미장센에서의 '정보 부족'이 관객의 불안 유발에 중요한 요소라고 지적했으며, 생성형 AI는 이러한 전략을 기반으로 적절한 '시각적 공백'을 생성함으로써 서사적 긴장감을 조절하는 역할도 수행한다(McAndrew, 2020).

로맨스 및 드라마, 감정선의 시각화

로맨스와 드라마 같은 감정 중심 장르에서는 미묘한 감정선의 시각적 표현이 핵심이다. 생성형 AI는 예술가에게 텍스트-투-이미지(text-to-image), 이미지-투-비디오(image-to-video), 아바타 생성(avatar generation), 3D 합성과 같은 다양한 예술적 도구들을 제공한다(Zhang et al., 2025). 생성형 AI는 인물의 대사, 표정 변화, 서사적 맥락을 종합적으로 분석하여 감정의 변화를 섬세하게 반영하는 미장센을 창작자에게 제안한다. 이는 부드러운 색감, 은은한 조명 변화, 인물 간의 거리와 위치를 고려한 블로킹을 통해 감정적 깊이를 극대화하는 방식으로 구현된다.

구체적으로 조명의 활용은 시간 변화에 따른 자연광 활용, 스튜디오에서 제작되는 조명의 색 온도 조절, 빛의 방향성을 통해 캐릭터의 내적 상태를 표현하는 데 필수적이다. 예를 들어, 이별 장면에서는 진한 푸른 계열 또는 회색 컬러의 조명을 사용하여 냉랭한 분위기에 텅 빈 공간감을 사용하여 '소외'를 연출하고, 재회 및 화해 장면에서는 따뜻한 주황 계열이나 노란색 조명을 활용하여 온화하고 포근한 감정에 좁은 간격의 구도로 캐릭터 간의 회복된 친밀감을 표현한다.

공간과 거리의 활용 또한 캐릭터의 감정을 표현하기에 아주 중요한 요소다. 생성형 AI는 캐릭터 간의 물리적 거리 단축으로 친밀감과 유대감이 높아지는 것을 표현하고 반대로 화면에서 캐릭터 간의 거리가 멀어지는 것으로 두 인물 간의 갈등이나 소원해진 관계를 시각적으로 암시할 수 있다. 또한 두 인물 사이의 미묘한 긴장감을 강조하기 위해 카메라 앵글과 프레임 구성을 조정하여 서사적 몰입감을 강화한다. 예를 들어, 인물의 심리적 상태에 따라 클로즈업 숏의 심도를 조절하거나, 특정 인물의 시점에서 상황을 보여주는 주관적 시점 앵글을 제안함으로써 관객이 인물의 감정에 깊이 공감할 수 있도록 유도한다. 이러한 방식은 특히 멜로드라마와 같이 감정의 극적 전개를 시각적으로 반영해야 하는 장르에서 더욱 큰 효과를 발휘한다. 생성형 AI는 이러한 미장센적 공식을 학습하여 재생성 혹은 새로운 방식으로 창조하는 작업을 도울 수 있다.

다큐멘터리: 사실성과 몰입의 경계 확장

다큐멘터리 장르에서는 사실의 정확한 재현과 정보의 명확한 전달이 미장센의 핵심 목표다. 생성형 AI는 이러한 목표 달성을 위해 역사적 사건과 환경의 재현, 복잡한 정보의 시각화에 혁신적으로 활용된다.

생성형 AI는 방대한 역사적 자료인 사진, 기록, 건축 도면, 심지어 당시의 의복 자료까지 학습하여 특정 시대나 장소의 배경을 놀랍도록 정확하게 복원한다. 예를 들어, BBC 다큐멘터리 〈Last Day of the Dinosaurs〉처럼 과거의 생명체를 재현하는 것을 넘어, 고대 로마의 번화한 거리 풍경, 조선 시대의 궁궐 내부 혹은 1950년대 서울의 골목길 등을 실제와 흡사하게 재구성하여 다큐멘터리의 신뢰성을 높이고 시청자의 몰입을 돕는다 (Horton, 2024).

이러한 기술은 실제 촬영이 불가능하거나 비용이 막대한 역사적 상징의 공간을 가상으로 구현하는 데 적합한 대안을 제시하며, 시대의 건축 양식, 의복, 소품, 일상적인 환경까지 학습하여 시대적 일관성을 유지하는 미장센을 구축한다. 생성형 AI는 복잡한 데이터나 추상적인 개념을 시각적으로 명확하게 전달하기 위한 미장센을 제작한다. 예를 들어, 통계 데이터를 효과적으로 보여주기 위한 인포그래픽 요소들을 영상에 자연스럽게 배치하거나, 기후 변화와 같은 복잡한 과학적 현상 또는 특정 사회적 트렌드의 진행 과정을 시각적으로 이해하기 쉽게 구성하는 미장센을 생성한다(Ghosh, et al., 2025). 증강현실(AR) 기술과 결합하여 실시간으로 정보 오버레이를 제공하는 미장센도 구현 가능하여, 시청자들이 마치 현장에 있는 것처럼 정보를 습득할 수 있게 돕는다. 생성형 AI는 사진이 촬영된 위치를 기록함으로써 해당 공간을 '입체적으로' 재생성할 수 있다(Butterworth, 2023).

마지막으로, 생성형 AI는 과거 사건 현장의 사진이나 기록, 증언 등을 데이터로 변환하여 학습한 내용을 바탕으로 당시의 상황을 사실적으로 재구성하는 미장센을 구현할 수 있다. 최근 엔비디아의 'NeRF(Neural Radiance Fields)' 기술이나 구글의 'DeepMind GraphCast'가 날씨, 지형, 건축 정보를 시뮬레이션하여 실재감 있는 과거의 환경을 가상으로 생성하고 있다. 이는 역사적 사건에 대한 이해를 돕고, 시청자에게 더욱 생생하고 입체적인 경험을 제공함으로써 다큐멘터리의 교육적, 전달적 가치를 극대화한다.

뮤직비디오, 감성적 리듬의 시각적 번역

Runway, OpenAI Sora 등 생성형 AI를 활용해 초현실적 영상 및 영상 효과를 구현하는 뮤직비디오 사례가 증가하고 있다(O'Brien, 2024). 뮤직비디오는 실험성과 감각적 비주얼이 중요시되는 장르로 음악의 리듬과 메시지를 시각적으로 해석하고 표현하는 것에 중점을 둔다. 생성형 AI는 이러한 장르의 특성을 극대화하여 예측할 수 없었던 매혹적인 시각적 경험을 생성한다. 생성형 AI는 음악의 리듬, 가사 구조, 키워드 기반 감정을 분석하여 이에 대응하는 시각적 패턴을 실시간으로 생성할 수 있다. 예를 들어 BPM이 높은 빠른 비트의 댄스 음악에서는 시각적으로 빠른 컷 전환, 역동적 구도, 색의 순간적 변화 등이 동반되며, 이러한 요소들은 생성형 AI 기반의 인터랙티브 영상 생성 플랫폼 Runway, Sora 등을 통해 구현할 수 있다. 또한 생성형 AI 기술로 영상 효과를 추가하여 음악에 맞추어 화면 색상이 실시간으로 변화하거나, 시공간이 왜곡되는 듯한 초현실적인 효과를 구현하여 전혀 새로운 감각적 영상을 창조한다. 뮤직비디오는 종종 추상적인 감정이나 메시지를 다루는데, 생성형 AI는 이러한 추상적 개념을 시각적으로 해석하여 독창적인 미장센을 만들어 낸다. 예를 들어, 슬픔이라는 감정을 왜곡된 공간, 흐릿한 색감, 느린 움직임의 블로킹으로 표현하거나, 희망을 밝은 빛과 상승하는 구도로 시각화하여 관객에게 신비롭고 깊은 인상을 남길 수 있다. 이는 인간 창작자가 가진 추상적 사고와 생성형 AI의 시각화 능력이 결합된 결과다. 마지막으로, 뮤직비디오는 예술적 자유도가 높아 기존의 영상 문법에서 벗어난 실험적인 미장센을 자주 시도하는 장르다. 생성형 AI는 이러한 요구에 부응하여 현실에서는 구현하기 어려운 초현실적 배경, 비정형적인 오브젝트, 파격적인 카메라 앵글 등을 자유롭게 생성하며 생성형 AI 기술의 창조적 잠재력을 극명하게 보여준다. 나아가 생성형 AI는 특정 뮤지션의 정체성을 강화하고 팬들에게 더욱 몰입감 있는 경험을 제공한다. 이러한 방식은 최근 생성형 AI 기반 뮤직비디오를 제작한 아티스트 그라임스(Grimes)나 홀리 헌던(Holly Herndon) 등의 사례에서 실증적으로 확인된다.

장르를 초월하는 생성형 AI 미장센의 미래

이처럼 생성형 AI는 각 장르의 본질적 요구를 깊이 이해하고, 이에 최적화된 미장센을 설계할 뿐만 아니라 장르의 표현 한계를 넘어서는 장르 간의 경계를 허물고 새로운 미학적 융합을 시도하는 가능성을 제시한다. 예를 들어, 다큐멘터리적 사실성을 기반으로 판타지 영화의 초현실적인 미장센 요소를 결합하여 독특한 시각적 경험을 제공하거나, 광고에 영화적 서사성을 부여하는 미장센이 시도될 수 있다. 영화 〈에브리싱 에브리웨어 올 앳 원스(Everything Everywhere All At Once)〉처럼 다양한 장르적 요소를 혼합하여 독창적인 미장센을 창조하는 방식이 생성형 AI를 통해 더욱 손쉽게 구현될 수 있는 것이다.

이러한 장르 간 유연한 결합은 생성형 AI가 각 장르의 본질을 깊이 이해하고 있음을 입증하며, 동시에 영상 예술의 표현 영역을 무한히 확장하는 촉매제 역할을 수행한다. 생성형 AI는 각 장르에 적합한 미장센을 설계하는 것에 기여할 뿐만 아니라, 장르의 한계를 뛰어넘어 미장센의 시각적 표현을 창조하는 궁극적인 도구로서 그 위상을 확고히 하고 있다. 이처럼 생성형 AI는 창작자와 협력하여 장르의 미학적 경계를 넓히는 혁신적 파트너로 자리 잡고 있다. 앞으로 생성형 AI의 발전은 장르별 미장센의 패러다임을 근본적으로 재정의하며, 관객에게 보다 풍부하고 몰입감 있는 시각적 경험을 제공할 것이다.

참고문헌

Butterworth, A.(2023.10.25). Reanimating the past? You've got a NeRF!. Science Museum Group blog. https://ceblog.sciencemuseumgroup.org.uk/2023/10/25/reanimating-the-past-youve-got-a-nerf/

Epstein, Z. et al.(2023). Art and the science of generative AI. *Science, 380*(6650), pp.1110~1111.

Ghosh, A. et al.(2025). Infogen: Generating complex statistical infographics from documents. https://arxiv.org/abs/2507.20046

Horton, A.(2024.9.13). Documentary producers release new ethical AI guidelines for film-makers. The Guardian. https://www.theguardian.com/film/2024/sep/13/documentary-ai-guidelines

Kim, B.(2022). [CVPR 2022] NeRF: Representing Scenes as Neural Radiance Fields for view synthesis. CVPR. LG AI 연구원. https://www.lgresearch.ai/blog/view?seq=228&page=2&pageSize=12

Kocsis, P. et al.(2024). LightIt: Illumination Modeling and Control for Diffusion Models. arXiv:2403.10615.

Krystaf, L.(2022.3.20). Everything Everywhere All at Once: Everything You Need to Know. Collider. https://collider.com/everything-everywhere-all-at-once-release-date-trailer-cast/

McAndrew, F. T.(2020). The psychology, geography, and architecture of horror: How places creep us out. *Evolutionary Studies in Imaginative Culture, 4*(2), pp.47~61.

https://doi.org/10.26613/esic.4.2.189
O'Brien, M.(2024.3.5). Madonna is among the early adopters of AI's next wave. AP News.
https://apnews.com/article/ai-video-generators-runway-Sora-madonna-4e21021b9db8a45a9897d9285f394687
Wikipedia. Film genre.
https://en.wikipedia.org/wiki/Film_genre
Yao, Y. et al.(2024). The Fabrication of Reality and Fantasy: Scene Generation with LLM-Assisted Prompt Interpretation.
https://arxiv.org/abs/2407.12579
Zhang, R. et al.(2025). Generative AI for film creation: A survey of recent advances.
https://doi.org/10.48550/arXiv.2504.08296

04

생성형 AI가 만드는 구도

생성형 AI가 어떻게 기존의 영상 구도 원리를 재해석하고 나아가 기존 창작의 영상 구도를 보완하는 독창적인 영상 미학적 언어를 창조하는지 심층적으로 탐구한다.

청각장애인과 AI?

구도의 본질과 생성형 AI

영상에서 구도는 단순히 배치의 기술이 아닌 카메라의 제한된 프레임 안에서 시각적 요소들을 전략적으로 배치하여 관객의 시선을 유도하고 서사를 강화하며 미학적 완성도를 구축하는 고도의 예술적 행위이자 미장센의 주요한 요소다. 영상 구도 일반적으로 영상 창작자들은 황금 비율(Golden Ratio), 삼분할 법칙(Rule of Thirds), 대칭과 비대칭(Symmetry & Asymmetry) 등의 미학적 원칙을 기반으로 구도를 설계해 왔다. 그러나 이제 생성형 AI는 이러한 기존의 구도 원리를 방대한 데이터를 통해 학습하고 분석하여 시청자들이 놀랄만한 전혀 새로운 구도 패턴까지 창출하며 영상 미장센의 범위를 확장하고 있다.

기존 영상 구도와 생성형 AI 영상의 구도

셀로나(Celona)는 이미지의 의미론적 내용(semantic content), 예술적 스타일(artistic style), 그리고 구도(composition) 분석을 기반으로 이미지의 미학을 자동으로 예측하는 방법을 제시했다(Celona et al., 2021). 생성형 AI는 수많은 고품질 이미지 및 영상 데이터를 학습함으로써 수 세기 동안 예술가와 영상 창작자들이 탐구해 온 구도 설계의 미학적 원리들을 놀라울 만큼 정교하게 파악한다.

전통적인 영상 촬영 기법은 '삼등분법(Rule of Thirds)'이나 '황금 비율(Golden Ratio)'과 같은 규칙을 따르지만, 이제 AI는 딥러닝(deep learning)을 사용하여 이러한 원칙을 새롭게 한다(Reelmind.ai. 2025).

황금 비율과 피보나치 수열의 디지털 구현 생성형 AI는 황금 비율(1:1.618)이라는 수학적 완벽성을 단순히 화면 분할에 적용하는 것을 넘어 시간의 흐름에 따라 황금 분할점이 이동하는 생동감 있는 화면 구성처럼 지능적으로 활용한다. 예를 들어, 인물의 감정 변화에 따라 황금 분할점을 화면의 좌측에서 우측으로 이동시키며 캐릭터의 심리적 변화를 시각적으로 표현할 수 있다. 영화 〈라이프 오브 파이(Life of Pi)〉에서 주인공 파이가 망망대해에 홀로 남겨진 장면을 생각해 보자. 생성형 AI는 이 장면을 학습하여 황금 비율로 재생성 할 수 있다. 파이의 내면적 고뇌가 심화될수록 황금 분할점에 위치한 파이를 중심으로 화면 구도를 변화시켜 관객이 그의 감정적 여정에 몰입하도록 유도하는 방식으로 장면을 재구성할 수 있다.

삼분할 법칙의 진화

기존의 삼분할 법칙은 화면을 9개의 구역으로 나누어 주요 요소를 교차점에 배치하는 기법으로 시각적 안정감과 균형을 극대화한다. 생성형 AI는 수많은 성공적인 사례들을 분석하여 이를 더욱 세밀하게 발전시킨다. 이제는 피사체를 교차점에 배치하는 것을 넘어 관객의 시각적 선호도와 장면의 감정적 톤을 고려하여 맞춤형 화면을 생성하고, 더욱 매력적인 화면을 만들어 낸다. 영화 〈기생충〉에서 캐릭터 기우가 박 사장 집에 처음 들어서는 장면이다. 생성형 AI는 기우를 삼분할 격자선의 한쪽에 배치하여 그의 새로운 환경에 대한 불안감과 호기심을 동시에 표현하고, 나머지 넓은 공간에 박 사장 집의 웅장함을 담아 인물과 배경 간의 미묘한 긴장 관계를 형성한다. 이처럼 생성형 AI는 삼분할 법칙을 단순히 따르는 것이 아니라 서사적 맥락에 맞춰 심리적 깊이를 더하는 방식으로 발전시킨다.

대칭성과 비대칭성의 전략적 활용

생성형 AI는 인물을 화면 중앙에 배치하여 안정감과 권위를 부여하는 대칭적 구도와 인물을 한쪽에 치우치게 배치하여 불안감이나 역동성을 조성하는 비대칭적 구도의 서사적 의미를 깊이 이해한다. 생성형 AI는 장면의 서사적 맥락과 전달하고자 하는 감정에 따라 대칭과 비대칭 구도를 전략적으로 조합하여 관객에게 미묘한 심리적 영향을 미치도록 구도를 설계한다. 영화 〈더 배트맨(The Batman)〉에서 고독한 영웅의 면모를 부각하는 장면이다. 생성형 AI는 기존의 장면에서 배트맨을 화면의 정중앙에 배치하여 그의 압도적인 존재감과 책임감을 강조하는 대칭적 구도를 제안할 수 있다. 반면 그가 겪는 내면적 갈등이나 불안을 표현할 때는 화면의 한쪽으로 치우친 비대칭적 구도를 적용하여 관객이 그의 심리적 동요를 시각적으로 느끼게 할 수 있다.

시각적 히트맵 분석을 통한 시선 유도

생성형 AI는 아이트래킹 기술로 수집된 방대한 데이터의 비주얼 히트맵(Visual Heatmap)을 분석하여 관객의 시선이 주로 머무는 지점, 즉 주요 초점 영역(Focal Point)을 예측한다. 생성형 AI는 색상, 밝기, 움직임, 대비 등의 요소가 시선 집중에 미치는 영향을 정량적으로 분석하여 관객의 시선이 자연스럽게 흘러가는 시각 내비게이션을 구축한다. 생성형 AI는 긴장 상태에서 화면 중앙에 집중하는 경향이 있고, 안정 상태에서 화면 전체를 탐색하는 경향이 있다는 것을 학습하고 이를 구도에 표현하는 이른바 감정 상태에 따른 시선 패턴 학습을 시행한다. 또한 관객의 시선이 특정 순서로 화면 요소를 탐색하도록 유도한다. 예를 들어, 인물의 시선-손동작-배경 순서로 정보를 전달하여 서사적 층위를 구축한다. 실제 쿠마르(Kumar) 등의 다양한 연구에서 이러한 모델을 개발 중에 있다(Kumar et al., 2025).

깊이감과 공간감의 정교한 구현

영상 구도에서 깊이감과 공간감은 2차원적인 화면에 3차원적인 현실감을 부여하고, 서사적 공간의 풍부함을 더하는 데 필수적이다. 생성형 AI는 이러한 차원을 정교하게 구현하는 데 탁월한 능력을 발휘한다.

전경, 중경, 후경의 전략적 배치

생성형 AI는 장면의 깊이감을 극대화하기 위해 전경(Foreground), 중경(Midground), 후경(Background)의 요소들을 효과적으로 학습하고 배치하여 입체감을 창출하고 관객의 몰입을 돕는다. 전경에 특정 오브젝트를 배치하여 시선을 유도하고, 중경에 인물을 배치한다. 마지막으로 후경에 광활한 배경을 배치하여 깊이 있는 공간감을 만들어 낸다.

렌즈 선택 및 원근감 조절

생성 모델을 활용해 렌즈를 조작하고 어안렌즈, 파노라마 뷰 등 다양한 시각 효과를 구현할 수 있다(Voynov et al. 2023). 생성형 AI는 광각 렌즈(Wide-angle Lens)가 공간을 넓고 왜곡되게 표현하여 광활함이나 소외감을 강조하고 망원 렌즈(Telephoto Lens)가 공간을 압축하여 긴장감이나 고립감을 표현하는 방식을 이해한다. 생성형 AI는 피사계 심도를 전략적으로 활용하여 관객의 주의를 특정 층위로 유도한다. 영화 〈레버넌트: 죽음에서 돌아온 자(The Revenant)〉에서 메인 캐릭터인 휴 글래스가 광활한 자연 속에 홀로 남겨지는 장면이다. 생성형 AI는 광각 렌즈를 활용해 글래스의 작은 모습을 화면에 담아 그의 고독과 자연의 위대함을 동시에 강조하는 구도를 제안할 수 있다. 또한 피사계 심도를 얕게 설정하여 배경을 흐릿하게 만들고 글래스에게 초점을 맞추어 그의 내면적 고통에 관객이 집중하도록 유도한다. 이처럼 생성형 AI는 장면의 서사적 요구에 따라 최적의 렌즈 선택을 제안하고, 이를 통해 프레임 내의 원근감을 정교하게 조절하여 원하는 공간적 느낌을 구현한다. 생성형

AI는 광각 렌즈로 인물과 배경의 관계를 강조하거나, 망원 렌즈로 평면적이면서 감정적으로 응축된 구도를 생성한다. 또한 생성형 AI는 어안렌즈나 틸트 렌즈 등과 같은 특수 렌즈를 활용하여 현실을 의도적으로 왜곡한다. 이것은 캐릭터의 환상적이거나 불안정한 심리 상태를 시각적으로 표현할 수 있게 한다.

빛과 그림자를 통한 입체감 표현

생성형 AI는 조명과 그림자를 활용하여 공간의 깊이감을 더욱 풍부하게 한다. 특정 영역에 그림자를 드리우거나 빛을 강조하면서 공간의 입체감을 부각하고 시각적 계층을 명확히 하여 관객이 공간을 더욱 실감나게 인지하도록 돕는다.

역동적 구도 생성과 서사적 활용

생성형 AI는 미적 일관성(aesthetic consistency), 숏 구도(shot composition), 그리고 카메라 움직임(camera movement)을 조정하여 새로운 형태의 시각적 스토리텔링을 가능하게 한다(Zhang et al., 2025). 구도에도 여러 가지 종류가 있다. 정적으로 위치한 구도 뿐만 아니라 역동적인 구도를 만들 수 있다. 생성형 AI는 움직이는 피사체와 카메라워크를 연계하여 실시간으로 변화하는 역동적 구도를 설계하고, 프레임 외부 공간(Off-screen Space)을 활용하여 서사적 궁금증을 유발한다.

인공지능 기술은 움직이는 피사체에 최적화된 구도를 맞춤 제작할 수 있다. 생성형 AI는 빠르게 움직이는 인물이나 오브젝트의 속도, 방향 궤적을 미리 예측하여 캐릭터의 움직임을 가장 효과적으로 포착하는 구도를 실시간으로 조정한다. 예를 들어, 빠른 속도로 달리는 인물의 앞에 충분한 여백(Lead Room, Looking Room)을 두어 움직임의 방향성을 강조하거나 추격 장면에서 카메라의 움직임과 피사체의 움직임을 역으로 추적하여 교차되어 만나는 등의 역동성을 극대화하는 연출처럼 지능적인 움직임 표현도 가능하다.

생성형 AI는 카메라워크를 활용하여 자신의 영상 제작 능력을 보여준다. 생성형 AI는 팬(Pan), 틸트(Tilt), 트래킹(Tracking), 줌(Zoom) 등 다양한 카메라워크와 구도를 유기적으로 결합하여 영상의 리듬과 흐름을 조절한다. 영화 〈1917〉의 주요 콘셉트에는 롱테이크 기법이 있다. 생성형 AI는 롱테이크 기법의 영상을 모두 학습하여 전혀 새로운 분위기의 롱테이크를 구현할 수 있다. 주인공이 전장을 가로지르는 동선에 맞춰 끊임없이 트래킹하며 구도를 재조정하고, 이를 통해 관객이 영화 안에서 주인공의 여정에 함께 하는 듯한 몰입감을 선사하는 구도를 설계할 수 있다.

생성형 AI는 전략적인 시각 표현 방법으로 프레임 외부 공간을 활용할 수 있다. 화면 밖에서 들려오는 소리, 인물의 시선이 향하는 곳, 갑작스러운 화면 전환 등 생성형 AI는 화면에 직접적으로 보이지 않는 프레임 외부 공간을 의도적으로 활용하여 서사적 궁금증이나 긴장감을 유발할 수 있다. 이렇게 생성형 AI는 관객의 참여를 유도하는 서사적 장치 능력까지 발휘한다. 영화 〈조커(Joker)〉에서 주인공 아서 플렉이 화면 밖의 무언가를 응시하며 섬뜩한 미소를 짓는 장면이 있다. 생성형 AI는 이러한 구도 및 여백의 활용을 학습하여 화면 밖에 어떠한 위협이나 중요한 사건이 있음을 암시하며 관객의 상상력을 자극하는 효과를 극대화 할 수 있다.

생성형 AI가 제안하는 파격적 구도

모델은 특정하거나 포괄적인 의미론적 프롬프트와 의도한 감정적 결과에 기반하여 이미지를 생성할 수 있다(Galanos & Yannakakis, 2021). 생성형 AI의 가장 흥미로운 능력 중 하나는 기존의 구도 규칙을 벗어나 의도적인 불균형이나 비정형적 배치를 통해 새로운 시각적 긴장감을 조성하고 특정 감정이나 메시지를 효과적으로 전달하는 독창적인 구도를 생성하는 것이다. 이는 창작자의 관습을 초월하는 예측 불가능한 창의성을 발현하게 한다. 생성형 AI는 캐릭터의 왜곡된 심리나 혼란스러운 상황을 표현하기 위해 의도적으로 비뚤어진 더치 앵글(Dutch Angle)과 같은 기법이나 극단적인 익스트림 클로즈업(Extreme Close-up)을 제안하여 관객에게 심리적 불편함을 조성하는 구도를 생성한다. 이것은 왜곡된 심리 표현을 위한 비정형 구도 방법이다. 영화 〈블레이드 러너 2049(Blade Runner 2049)〉에서 주인공 K가 현실과 가상 세계의 경계에서 혼란을 겪는 장면이 있다. 생성형 AI는 이러한 장면을 표현하기 위해 더치 앵글을 추가적으로 극적 활용할 수 있고, 주인공 K의 시선을 따라 화면을 기울여 그의 불안하고 혼란스러운 심리 상태를 직접적으로 전달할 수 있다. 생성형 AI는 추상적 개념을 시각화하는 것에도 능력을 발휘한다. 생성형 AI는 고독, 혼란, 희망과 같은 추상적인 개념을 시각적으로 해석하여, 기존의 영상 구도 문법으로는 상상하기 어려웠던 파격적인 구도를 제안한다. 광활한 공간에 홀로 작게 배치된 인물의 고독을 표현하거나 무질서하게 흩어진 오브젝트들로 가득 찬 화면을 통해 혼란을 표현하는 등 특정 감정을 강렬하게 전달할 수 있다.

생성형 AI만의 새로운 미장센을 제안하기도 한다. 배경의 변화를 주는 방법에서 융합된 전환 효과를 사용한다거나 기계적인 느낌을 극대화하여 새로운 분위기의 공간을 창조하는 등 파격적인 시도를 하게 된다. 이것은 관객에게 충격적이며 영상 예술의 미학적 한계를 확장한다. 예를 들어, Google DeepMind의 Veo는 극도의 몰입감을 유도하는 장면에서 화면의 수평선을 일부러 틀어 관객에게 불안정한 심리를 시각적으로 전달한다. Adobe의 Firefly는 감정 키워드를 기반으로 장면의 구도를 구성하며, 고독이라는 프롬프트 입력 시, 인물을 화면 하단 구석에 작게 배치하고 넓은 음영 공간을 활용하는 방식으로 감정을 시각화한다. 이렇게 생성형 AI의 창발적 구성 요소는 창작자에게 새로운 창작의 영감을 제공한다.

생성형 AI와 인간 창작자의 시너지

결론적으로 생성형 AI는 데이터에서 도출한 정확한 영상의 미적 구도를 자동화하여 제작하는 동시에, 창작자의 직관적인 창의성을 보완하고 확장하는 강력한 동반자로 자리매김하고 있다. 창작자는 생성형 AI가 제안하는 다양한 영상 구도 옵션들 중에서 자신의 예술적 비전에 가장 부합하는 것을 선택하거나 생성형 AI의 창의적 제안을 통해 새로운 예술적 영감을 받을 수 있다. 미래의 영상 구도 창작 기술은 생성형 AI의 데이터 기반 학습 능력과 창작자의 섬세한 예술적 감각이 유기적으로 결합된 일종의 하이브리드 형태로 진화할 것이다.

참고문헌

Celona, L. et al.(2021). Composition and Style Attributes Guided Image Aesthetic Assessment. arXiv:2111.04647.

Galanos, T. et al.(2021). AffectGAN: Affect-Based Generative Art Driven by Semantics, arXiv:2109.14845.

Kumar, A. et al.(2025). Seeing Eye to AI: Comparing Human Gaze and Model Attention in Video Memorability. *WACV 2025*.

Reelmind.ai(2025). The Science of Video Composition: AI Tools That Suggests Optimal Framing. Reelmind.ai blog. https://reelmind.ai/blog/the-science-of-video-composition-ai-tools-that-suggest-optimal-framing

Vasani, S.(2025). Runway says its latest AI video model can actually generate consistent scenes and people. The Verge. https://www.theverge.com/news/640821/runway-gen-4-artificial-intelligence-video-generator-filmmaking

Voynov, A. et al.(2023). Curved Diffusion: A Generative Model

With Optical Geometry Control. arXiv:2311.17609.
Zhang, R. et al.(2025). Generative AI for film creation: A survey of recent advances. https://doi.org/10.48550/arXiv.2504.08296

05
생성형 AI와 영상 카메라워크의 진화

카메라워크가 서사와 감정 전달의 핵심적 영상 언어로서 기능하는 방식을 살펴보고, 생성형 AI가 방대한 시청각 데이터를 활용해 최적의 앵글과 움직임을 제안하며 기존 촬영 기법을 보완 · 확장하는 사례를 분석한다.

카메라의 움직임은 의도적인 것이며, 서사를 발전시키거나 주제를 강조하기 위해 사용된다. 무의미하거나 자기만족적인 카메라 움직임은 관객의 집중을 방해하고 영화의 현실성을 깨뜨릴 수 있다(Giannetti, 2017, p. 77). 카메라워크는 단순히 피사체를 프레임 안에 담아내는 기술을 넘어 영상 콘텐츠에 담긴 서사의 리듬과 감정의 흐름을 시각적으로 조율하는 영상 미학의 핵심 언어다. 앵글, 움직임, 쇼트의 선택은 관객의 시선을 특정 지점으로 유도하고, 감정의 흐름을 증폭시키며, 인물의 심리에 공명하며 스토리의 미묘한 뉘앙스까지 전달하는 강력한 장치로 활동해 왔다.

데이비드 보드웰(David Bordwell)과 크리스틴 톰슨(Kristin Thompson, 2019)은 〈Film Art: An Introduction〉에서 카메라워크를 '서사적 리듬과 감정의 전달을 조율하는 영화 언어의 핵심 장치'로 규정하며 앵글 프레이밍 이동이 시각적 해석을 지배한다고 분석했다. 생성형 AI는 이러한 카메라워크의 시각 언어를 단순히 모방하는데 그치지 않고, 방대한 시청각 데이터와 서사 구조를 분석하여 실제 촬영 감독의 직관적 선택을 보완하고 확장한다. OpenAI의 2024년 연구 〈Generative Cinematography: AI-driven Camera Planning for Narrative

Media〉에서는 Sora라고 하는 GPT 기반 비디오 모델이 시나리오와 대본, 캐릭터의 감정 변화를 분석한 뒤 최적의 카메라 포지션과 움직임을 자동 생성해 실제 촬영 대비 35% 이상의 효율성을 높였다는 결과를 보고한다. 생성형 AI는 이러한 카메라워크의 복잡한 원리를 심층적으로 분석하고 기존의 물리적, 기술적 한계를 초월하는 새로운 시각 경험을 창조하며, 영상 제작의 패러다임을 근본적으로 변화시키고 있다.

생성형 AI의 서사적 앵글 선택

생성형 AI는 약 44만 편의 실제 영화 클립 데이터를 활용해 장면의 문맥과 서사 목표에 맞는 숏 타입, 카메라 무빙, 앵글, 분위기를 거대언어모델(LLM)로 재구성하는 시스템을 제안한다(Huang et al., 2025).

카메라 앵글은 피사체와 관객 사이의 심리적 거리를 설정하고 인물의 권위, 취약성, 객관적인 시점을 암시하는 데 결정적인 역할을 한다. 생성형 AI는 방대한 영상 데이터와 서사적 맥락을 분석하여 '왜 이 앵글을 사용해야 하는가?'에 대한 질문에 답하며 최적의 앵글을 지능적이고 전략적으로 제안한다. 이는 단순한 기술적 선택을 넘어, 서사적 의도와 감정적 효과를 강화하는 전략적이고 의도된 프레임을 창조하는 과정이다. 다음은 앵글의 소개다.

서사적 맥락과 감정 분석 기반의 카메라 앵글 선택

로 앵글(Low Angle) 해당 캐릭터의 권위, 위협, 웅장함을 강조할 때 사용된다. 생성형 AI는 정치 스릴러에서 연설하는 지도자의 대사 내용, 표정, 주변 인물의 반응 등을 종합적으로 분석하여 그의 압도적인 존재감을 부각하기 위한 로 앵글을 제안할 수 있다. 예를 들어, 영화 〈시민 케인(Citizen Kane)〉에서 주인공 찰스 포스터 케인의 권력을 강조하기 위해 천장이 보이는 로 앵글을 사용한 것과 같이, 생성형 AI는 이러한 데이터 분석을 통해 이 앵글이 인물의 지배력을 어떻게 시각화하는지 학습한다.

하이 앵글(High Angle) 특정 캐릭터의 취약성, 무력감, 고립감을 표현할 때 효과적이다. 심리 스릴러에서 주인공이 절망적인 상황에 빠졌을 때, 생성형 AI는 그의 심박수나 대사 톤의 변화를 감지하여 불안에 휩싸인 인물을 위에서 내려다보는 하이 앵글을 자동으로 포착한다. 이는 관객으로 하여금 인물에게 동정심을 느끼게 하고, 그의 위축된 심리 상태를 시각적으로 연출할 수 있다.

아이 레벨 앵글(Eye Level Angle) 캐릭터와 객관성, 중립성, 친밀감을 구축하는 데 사용된다. 다큐멘터리나 인터뷰 상황에서 생성형 AI는 인물의 진솔한 이야기를 전달하기 위해 관객과 인물의 눈높이를 맞추는 아이 레벨 앵글을 유지하며, 이는 신뢰와 진정성을 효과적으로 전달하는 역할을 한다.

이처럼 생성형 AI는 특정 장면 속 인물의 대사, 표정, 공간 구성, 배경음악까지 통합적으로 분석하여 장면의 서사적 맥락에 부합하는 앵글을 지능적으로 추천한다.

감정선에 따른 앵글의 미세한 변화

생성형 AI는 단순히 적합한 앵글을 선택하는 것을 넘어 인물의 감정선 변화에 따라 앵글을 미세하게 조정하여 관객의 공감과 몰입을 극대화한다. 예를 들어 극적인 깨달음을 얻는 순간에 인물의 시선이 아래로 향하면, 생성형 AI는 즉각적으로 카메라를 살짝 하이 앵글로 전환하여 인물의 내적 충격과 무력감을 시각화하는 방식이다. 이는 마치 숙련된 촬영 감독이 감정을 읽어내듯 생성형 AI가 서사적 흐름을 실시간으로 반영하여 카메라 워크를 진화시키는 것을 의미한다.

카메라 움직임과 서사적 감정의 조율

카메라의 움직임은 숨김과 드러냄의 상호 작용을 만들어내기 위해 존재한다(Keating, 2007). 카메라 움직임은 영상에 생동감을 불어넣고, 서사의 리듬과 관객의 감정선이 만나는 지점을 만든다. 생성형 AI는 다양한 카메라 움직임이 영상의 서사에 미치는 영향을 심층적으로 학습하여, 단순한 기법 적용을 넘어 감정적 깊이와 서사적 흐름을 극대화하는 새로운 카메라 움직임을 제안한다.

다양한 카메라 움직임 기법의 서사적 활용

팬(Pan) & **틸트**(Tilt) 팬은 카메라의 좌우 움직임 그리고 틸트는 카메라의 상하 움직임이다. 팬은 주로 풍경의 웅장함을 보여주거나 로맨스 영화에서 인물 간의 감정적 연결을 표현하기 위해 사용된다. 생성형 AI는 인물들의 대화 톤이나 시선의 이동을 분석하여 서서히 카메라의 팬 움직임을 하며 두 사람의 관계가 발전하는 것을 시각적으로 암시한다. 틸트 움직임은 SF 영화에서 거대한 건축물의 스케일을 전달하거나 미지의 존재를 위압감 있게 드러내는 데 사용된다.

트래킹(Tracking) 카메라의 트래킹 움직임은 인물의 동선을 따라가는 움직임이며 긴장감과 현장감을 극대화한다. 액션 영화의 추격 장면에서 생성형 AI는 인물의 속도와 주변 장애물을 분석하여 관객이 마치 함께 달리는 듯한 몰입감을 느끼도록 정교한 트래킹 숏을 만들어 낼 수 있다.

줌(Zoom) & 달리(Dolly) 줌과 달리의 움직임은 근본적으로 비슷한데, 줌은 카메라 설정으로 달리는 외부 장비로 인해 움직임을 부여한다. 줌은 관객의 시선을 특정 대상에 집중시키고, 달리는 카메라 자체의 물리적 어둠을 통해 공간감을 변화시킨다. 생성형 AI는 드라마에서 인물이 중요한 사실을 깨닫는 순간, 느린 줌 인을 통해 인물의 내적 감정을 강조하거나, 특히 두 가지 움직임을 융합한 공포 영화에서 '달리 줌(Dolly Zoom)'을 활용하여 인물의 심리적 혼란과 왜곡된 현실감을 표현할 수 있다. 이것은 영화 〈죠스(Jaws)〉에서 처음 효과적으로 사용된 기법으로, 생성형 AI는 이러한 클래식한 연출 기법의 서사적 효과를 학습하고 재창조한다.

핸드헬드(Handheld) 핸드헬드 기법은 의도적인 흔들림을 통해 현장감과 긴박감을 만든다. 생성형 AI는 극적인 상황이나 긴박한 추격 장면에서 핸드헬드 기법을 시뮬레이션 하여 관객이 마치 사건의 현장에 있는 듯한 생생함을 느끼도록 한다. 이는 전통적인 촬영 방식의 미학적 효과를 생성형 AI가 디지털 환경에서 재현하는 사례다.

서사적 흐름에 따른 복합적 카메라워크 기획

무비 에이전트(MovieAgent)라는 AI 프레임워크는 시나리오와 캐릭터의 데이터를 기반으로, 다양한 LLM 역할(감독, 시나리오 작가, 스토리보드 아티스트 등)을 수행하면서 장면 구성, 카메라 설정, 촬영 구성까지 자동화한 장기 비디오 생성 시스템을 구현한다(Wu et al., 2025). 생성형 AI는 스토리의 서사적 구조를 이해하고 각 시퀀스의 목적 및 역할(예: 갈등의 시작, 절정, 해소 등)에 맞춰 최적의 카메라워크를 기획한다. 중요한 정보를 부각할 때는 느린 팬 움직임이나 트래킹 숏을 극적인 상황에는 빠른 줌 인 움직임이나 달리 줌을 활용하여 관객의 감정적 변화를 극대화하는 것이 효과적이다. 이처럼 생성형 AI는 '해당 장면에서 관객에게 어떤 감정을 전달해야 하는가?'라는 질문에 답하여 전략적인 카메라워크를 설계한다.

생성형 AI 기반의 새로운 카메라워크: 물리적 한계를 초월한 독창성

생성형 AI 기술을 활용한 영상 제작 과정에서의 전반적 촬영 기술을 체계적으로 정리하여 기술 흐름을 확인하였는데(Azzarelli et al., 2024) 생성형 AI의 가장 혁신적인 기여는 물리적으로 불가능하거나 막대한 비용이 소요되던 카메라워크를 가상 공간에서 시뮬레이션하고 구현하는 것이다. 이는 기존 영상 문법의 틀을 깨는 새로운 시각적 경험을 가능하게 한다.

불가능한 카메라워크의 실현

공간의 제약을 넘어서는 생성형 AI는 가상 환경 내에서 벽을 뚫고 지나가거나, 극도로 복잡하고 빠른 속도로 움직이는 카메라워크를 구현한다. 이는 현실에서는 불가능한 시점 전환을 통해 관객에게 새로운 몰입감을 선사한다. 예를 들어 한 인물의 머릿속으로 카메라가 들어가는 움직임이나, 도시의 스카이라인을 뚫고 지나가는 듯한 역동적인 시퀀스는 기존의 물리적 촬영으로 상상하기 어려운 경험이다.

인터랙티브 카메라워크

게임 엔진이나 실시간 렌더링 기술과 결합된 생성형 AI는 사용자의 움직임이나 화면 내 사건에 실시간으로 반응하는 카메라워크를 구현한다. 특히 VR/AR 환경에서는 사용자의 시선에 따라 카메라의 앵글이 자연스럽게 변화하며 최적화된 몰입형 경험을 제공한다. 이는 단순한 영상 감상을 넘어 관객이 서사에 참여하는 새로운 형태의 콘텐츠를 가능하게 한다. 이러한 기술은 이미 메타(Meta)와 구글에 의해 상용화 단계에 진입했다.

데이터 기반의 창의적 움직임 패턴

생성형 AI는 방대한 영상 데이터를 분석하여 인간이 미처 인지하지 못했던 창의적인 카메라워크 패턴을 발견하고, 이를 조합하여 예측 불가능하지만 미학적으로 아름다운 새로운 움직임을 창조한다. 이는 기존의 관습적인 카메라워크에서 벗어나 영상 예술의 새로운 표현 영역을 탐색하는 계기가 된다.

미래 영상 카메라워크: 기존 카메라워크와 인공지능의 시너지

생성형 AI의 등장은 전통적인 촬영 감독의 역할에 대한 재정의를 요구한다. 생성형 AI가 카메라워크의 모든 것을 대체하는 것은 아니다. 오히려 숙련된 촬영 감독의 직관과 창의성을 생성형 AI의 데이터 기반 분석이 보완함으로써, 보다 완성도 높은 시각 언어를 구축한다. 생성형 AI는 반복적이고 기술적인 카메라 경로 최적화를 수행하고 인간은 그 위에서 서사적, 미학적 의도를 구축한다. 즉 생성형 AI는 기술적 제안을 그리고 창작자는 미학적 선택을 하는 새로운 창작 협업 구조를 구축한다.

생성형 AI는 카메라워크의 기획과 구현에서 창작자에게 무한한 가능성을 제공한다. 단순한 최신 기술을 넘어, 장면의 서사적 의도와 감정선을 심층적으로 이해하고 이에 기반한 복합적인 카메라 움직임 시퀀스를 제안함으로써, 창작자는 더욱 본질적이고 창의적인 카메라워크 설계에 집중할 수 있게 된다. 물리적 제약을 뛰어넘는 가상 카메라의 자유로운 유영과 실시간 반응형 카메라워크는 관객에게 새로운 즐거움을 선사하며 생성형 AI는 영상 미장센의 미래에 새로운 패러다임을 제시하고 있다.

참고문헌

Azzarelli, A., et al.(2024). Reviewing Intelligent Cinematography: AI research for camera-based video production. https://arxiv.org/abs/2405.05039

Bordwell, D. & Thompson, K.(2008). *Film Art: An Introduction.* McGraw-Hill Education.

Giannetti, L.(2017). *Understanding Movies.* Pearson.

Huang, K., et al.(2025). FilMaster: Bridging Cinematic Principles and Generative AI for Automated Film Generation. https://doi.org/10.48550/arXiv.2506.18899

Keating, P.(2019). *The dynamic frame: Camera movement in classical Hollywood.* Columbia University Press.

Wu, W., et al.(2025). Automated Movie Generation via Multi-Agent CoT Planning. https://arxiv.org/abs/2503.07314

06
생성형 AI와 영상 블로킹

생성형 AI가 영상 블로킹의 원리를 어떻게 심층적으로 이해하고 분석하며, 나아가 복잡한 장면에서 창의적이고 효율적인 블로킹을 창작자에게 제안하는지에 대해 심도 있게 탐구한다. 특히, 딥러닝 기반의 공간 관계 인식부터 인물 심리 및 관계 표현, 대규모 군중 장면의 기획 간소화 그리고 가상 공간 시뮬레이션에 이르기까지 생성형 AI의 다양한 기여 방안을 구체적인 기술적 배경과 함께 논의한다.

AI와 민주주의?

블로킹은 서사적 의미를 전달하고, 인물의 심리적 상태를 표현하며, 공간을 활용하여 스토리텔링을 강화하는 데 핵심적인 역할을 한다(Katz, 1991). 블로킹은 영화, 연극, 비디오 프로덕션에서 인물과 사물을 화면 또는 무대에 배치하고 캐릭터의 움직임을 설계하는 중요한 미장센 요소다. 시각적 구도를 잡는 것을 넘어 캐릭터의 위치, 움직임, 시선 그리고 공간 활용을 통해 서사적 의미와 인물 간의 관계, 심리적 뉘앙스를 심도 있게 전달하는 정교한 예술적 행위다. 전통적으로 블로킹은 오직 창작자의 직관, 경험 및 예술적 비전에 크게 의존해왔다. 그러나 생성형 AI의 등장과 딥러닝 기술의 비약적인 발전은 이러한 블로킹의 개념과 실제 구현 방식에 혁명적인 변화를 가져오고 있다. 방대한 영상 데이터를 학습한 생성형 AI는 인간 창작자가 놓칠 수 있는 미묘한 공간적 패턴과 심리적 상호작용의 뉘앙스를 포착하고 이를 바탕으로 새롭고 효율적인 블로킹 솔루션을 제안할 수 있는 잠재력을 지니고 있다.

생성형 AI 영상 속 공간을 읽고 서사를 이해하다: 딥러닝 기반 공간 관계 인식

생성형 AI는 학습한 정보를 통해 인물의 체중 중심, 시선 방향과 연관된 머리 방향, 팔다리의 확장 여부 그리고 순간적 균형 상태 등을 전략적으로 해석할 수 있다(Cao et al., 2017). 생성형 AI가 블로킹 영역에 기여하는 첫 걸음은 장면 내부의 공간적 관계를 '읽는' 능력이다. 바로 영상 내 공간 및 객체 관계 인식 능력인 것이다. 이 능력은 단순한 물체 검출을 넘어서, '누가 어디에 있고, 누구와 어떤 상호작용을 하고 있으며, 시간에 따라 어떻게 움직일 가능성이 있는가'라는 다층적 질문에 답할 수 있어야 한다. 딥러닝 기술은 컴퓨터 비전 분야의 비약적인 발전을 통해 생성형 AI가 영상 속 객체들을 정확하게 파악하고 이들 간의 복합적인 관계를 이해하도록 돕는다.

캐릭터 분석 및 동선 예측: 미세 움직임의 이해

생성형 AI는 신체 자세 추정(Human Pose Estimation) 및 객체 감지(Object Detection) 기술을 활용하여 화면 내 각 캐릭터와 사물을 개별적으로 인식하고, 이들의 정확한 위치, 크기, 방향을 파악한다. 특히 동선 예측(Trajectory Prediction) 기술은 인물의 몸 방향, 시선 처리, 팔다리의 미세한 움직임 등 복잡한 인체 역학을 감지하여 미래 동선을 분석하고 예측하는 데 필수적인 역할을 한다. 이러한 정보는 카메라 시점 변화나 부분적 가려

짐이 있는 상황에서도 인물의 전체적 시각적 무게와 자세 변화를 추적하는 데 결정적이다(Guler et al., 2018).

예를 들어, 영화 〈라라랜드(La La Land)〉의 'A Lovely Night' 신에서 미아(엠마 스톤)와 세바스찬(라이언 고슬링)이 언덕에서 춤을 추는 장면을 생각해 볼 수 있다. 이 장면의 블로킹은 두 인물의 심리적 거리감과 관계의 발전을 물리적 거리와 움직임으로 섬세하게 표현한다. 생성형 AI는 다음과 같은 방식으로 이 장면을 학습 및 분석하고 유사한 상황에 대한 블로킹을 제안할 수 있다.

초기 거리감을 인식하여 두 캐릭터의 초기 물리적 거리가 멀리 떨어져 있고, 서로를 마주보는 시선 처리보다는 평행하게 서 있는 구도를 학습한다. 또한 동선 변화를 분석하여 춤이 진행됨에 따라 두 인물이 서로에게 다가가고, 거리가 좁아지며 함께 원을 그리듯 움직이는 동선을 분석할 수 있다. 이처럼 거리가 좁아지고 동선이 교차하는 패턴이 인물 간의 친밀도를 증가시키며 관계의 발전을 시각적으로 표현한다는 서사적 의미를 학습한다. 생성형 AI는 이러한 학습을 통해 '초기에는 심리적 거리가 있는 남녀 두 인물이 점차 가까워지는 관계를 묘사할 때, 넓은 공간에서 시작하여 점진적으로 물리적 거리를 좁히고 동선을 교차시키는 블로킹 패턴'을 제안할 수 있다. 이는 '인물의 움직임과 물리적 거리가 심리적 변화를 반영한다'는 블로킹 원리를 데이터 기반으로 재현하는 것이다.

공간 분할 및 공간 입체감 인식: 2D를 넘어 3D로 확장

생성형 AI가 제안하는 블로킹이 단지 2D 상의 배치가 아닌 3D 형태의 동선, 시점, 심도 설계를 포함하게 만든다(Ranftl et al., 2020). 생성형 AI는 의미적 분할(Semantic Segmentation) 및 깊이 추정(Depth Estimation) 기술을 통해 화면을 인물, 사물, 배경 등으로 정교하게 분할하고 각 객체 간의 상대적인 거리와 공간적 깊이감을 인식한다. 이것은 2D(Two-dimensional) 평면을 넘어 3D(Three-dimensional) 공간 내에서 블로킹을 시뮬레이션하고 최적화하는 데 중요한 기반이 된다. 딥러닝 기술 기반 생성형 AI는 이를 통해 캐릭터를 단순히 평면에 배치하는 것을 넘어, 공간의 제약을 인식하고 그 안에서 최적의 동선을 제안하며 장면의 입체감을 활용한 블로킹을 가능하게 한다.

생성형 AI, 인물 심리와 인물 간 관계를 블로킹으로 표현하다

데이터 학습 기반의 표현은 관객들이 블로킹에 대한 추론을 가능케 하며, 블로킹 제안이 단순 미학적 최적화가 아니라 서사적 타당성까지 고려하도록 만든다(Vicol et al., 2018). 블로킹은 공간을 통해 인물의 내면과 서로의 관계를 드러내는 핵심적인 예술적 장치다. 또 인물 간의 미묘한 심리적 거리, 권력 관계, 시선 교환 등 복잡한 사회적 상호작용을 시각적으로 표현하는 강력한 수단이다. 생성형 AI는 이러한 인간적 요소를 블로킹에 녹여내는 방법을 학습하고 창의적으로 적용함으로써, 단순히 기술적인 효율성을 넘어 예술적 깊이를 더할 수 있다.

심리적 거리와 물리적 거리의 조절: 감정의 시각화

생성형 AI는 수많은 영상 데이터를 통해 인물 간의 심리적 친밀도나 대립 관계에 따라 물리적 거리를 조절하는 블로킹 패턴을 학습하고 생성할 수 있다. 이는 감정적 흐름을 공간적으로 시각화하는 강력한 도구가 된다.

예를 들어, 영화 〈결혼 이야기(Marriage Story)〉에서 찰리(아담 드라이버)와 니콜(스칼릿 조핸슨)이 변호사

사무실에서 격렬하게 논쟁하는 장면은 인물 간의 심리적 대립을 물리적 거리와 프레임 내 배치로 극대화한 대표적인 예시다. 생성형 AI는 이 장면에서 두 인물이 테이블을 사이에 두고 마주 앉아 있으며, 카메라가 클로즈업과 미디엄 숏을 오가며 이들의 근접성을 강조함을 학습한다. 또한 대화의 강도가 높아질수록 프레임 내에서 두 인물이 차지하는 공간이 더욱 밀집해지며, 시각적으로 출구 없는 긴장감을 조성한다는 점을 파악한다. 생성형 AI는 이러한 분석과 학습을 기반으로, '격렬한 논쟁이나 피할 수 없는 대립을 묘사하는 장면에서는 두 인물을 프레임 중앙에 가깝게 배치하고 주변 여백을 최소화하여 인물 간의 긴장감을 시각적으로 극대화하는 블로킹'을 제안할 수 있다. 반대로 '소외감이나 고립감을 표현하기 위해 특정 인물을 다른 인물들과 멀리 떨어뜨려 넓은 공간 속에 홀로 배치하여 심리적 단절감을 강조하는 블로킹'을 제안할 수도 있다.

시선 처리와 감정선: 내면의 거울

시선은 인물의 내면을 드러내는 중요한 요소이며 블로킹에서 시선 처리는 인물 간의 관계성, 감정의 흐름, 서사적 긴장감을 시각적으로 강화하는 데 결정적인 역할을 한다. 생성형 AI는 인물의 시선 방향, 시선 교환 여부, 아이 레벨(Eye Level) 등을 정밀하게 분석하여 인물의 심리 상태와 관계를 효과적으로 표현하는 블로킹을 제안한다. 예를 들어, 영화 〈양들의 침묵(Silence of the Lambs)〉에서 클라리스 스탈링(조디 포스터)과 한니발 렉터(안소니 홉킨스)가 유치장을 사이에 두고 처음 대면하는 장면은 시선 처리가 인물 간의 권력 관계와 심리적 긴장감을 극대화하는 대표적인 예시다. 이러한 시선 처리 장면을 생성형 AI가 분석한다. 두 주요 인물이 거의 정확한 아이 레벨로 서로를 강렬하게 응시하며, 심지어 관객을 직접 응시하는 듯한 카메라 앵글이 사용되어 긴장감을 고조시키는 패턴을 학습한다. 렉터가 스탈링을 꿰뚫어 보는 듯한 시선, 피하지 않고 맞서는 구도를 통해 두 인물의 심리 게임과 팽팽한 신경전을 시각적으로 드러낸다는 점을 파악한다. 생성형 AI는 이러한 분석을 통해 '상대방을 압도하거나 심리적 우위를 점하는 상황에서 인물이 카메라를 직접 응시하거나, 특정 인물에게 모든 시선이 집중되도록 다른 인물들의 배치를 유도하는 블로킹'을 제안할 수 있다. 또한 '심리적 갈등이나 불편함을 표현하기 위해 의도적인 시선 회피, 혹은 한쪽 인물의 시선은 고정되어 있으나 다른 인물은 시선을 불안정하게 움직이는 블로킹'을 제안하며 미묘한 감정선을 시각화 할 수 있다.

권력 관계의 표현: 시각적 위계

영화 〈대부(The Godfather)〉의 로 앵글 숏(low-angle shots)은 종종 권력과 권위를 가진 인물들을 묘사한다. 이러한 앵글은 시각적 우위를 만들어 내 인물의 중요성에 대한 관객의 인식을 강화한다(Greenlight Coverage, 2024). 블로킹은 인물 간의 권력 관계를 암시하는 미묘하면서도 강력한 역할을 한다. 생성형 AI는 인물의 상대적 크기, 높낮이, 프레임 내에서의 위치(중앙, 가장자리 등)를 조절하여 캐릭터 간의 권력 위계를 시각적으로 표현하는 블로킹 기술 구현을 학습한다.

예를 들어, 〈대부(The Godfather)〉에서 비토 코를레오네(말런 브랜도)가 앉아 있고 다른 인물들이 그 앞에서 있거나 낮은 자세를 취하는 장면들은 코를레오네 가문의 권력 구조를 명확히 보여주는 블로킹의 정수다. 생성형 AI는 이 장면들에서 지배적인 인물인 비토 코를레오네가 주로 앉은 자세임에도 불구하고, 카메라 앵글이 낮게 잡히거나 그를 중심으로 주변 인물들이 둘러싸는 구도를 통해 그의 압도적인 존재감을 강조하는 것을 학습한다. 또한 주변 인물들이 그에게 경의를 표하듯 고개를 숙이거나 그보다 낮은 위치에 배치되는 시각적 패턴을 파악한다. 생성형 AI는 이러한 학습을 통해 '지배적인 인물을 높은 위치(예: 계단 위, 높은 의자)에 배치하거나 프레임의 중심에 크게 배치하여 힘과 권위를 시각적으로 보여주는 블로킹'을 제안할 수 있다. 반대로 '피지배적인 인물을 낮게(예: 무릎을 꿇거나 웅크린 자세) 혹은 프레임의 구석에 작게 배치하여 권력의 부재나 취약성을 표현하는 블로킹'을 제안함으로써, 권력 관계 연출의 다양한 가능성을 제시한다. 이러한 생성형 AI의 능력은 복잡한 인간 사회의 역학 관계를 시각적으로 효과 있게 전달하는 데 기여한다.

대규모 장면 기획 간소화: 군중 블로킹의 효율성 혁명

복수의 인물이 등장하는 군중 장면은 블로킹 설계가 가장 까다로운 영역 중 하나다. 수많은 인물의 동선을 조율하고 충돌을 방지하며, 동시에 서사적 목적에 부합하는 동적인 블로킹을 구현하는 것은 엄청난 시간과 노력을 요구한다. 그러나 이러한 복잡하고 까다로운 영역은 생성형 AI의 역할을 더욱 빛나게 한다. 생성형 AI는 대규모 장면의 복잡성을 획기적으로 축소시키고 창작자가 의도한 분위기와 메시지를 훨씬 정교하게 구현할 수 있도록 돕는다.

개별 동선 계획 및 충돌 방지: 최적의 흐름

변이형 그래프 오토인코더(Variational Graph Auto-Encoders)를 활용하여, 자연어에 따라 역동적인 군중 상호작용을 제시한다. 이를 통해 사용자는 텍스트 설명만으로 새로운 군중 행동을 생성할 수 있다(Panayiotou et al., 2025). 생성형 AI는 군중 내 인물의 개별 동선을 효율적으로 설계하고, 서로 간의 충돌을 자동으로 감지하여 최적의 경로를 제안할 수 있다. 대규모 데이터를 학습하여 수십, 수백 명의 동선을 동시에 시뮬레이션하고 최적화함으로써 촬영 현장에서 발생할 수 있는 혼란을 최소화하고, 안정적인 촬영 환경을 조성하는 데 크게 기여한다.

서사적 목적에 기반한 군중 블로킹

생성형 AI는 단순히 충돌을 방지하는 것을 넘어 혼란스러운 도시 군중, 질서 정연한 행진, 집단행동의 응집력 등 군중 장면이 전달하고자 하는 서사적 목적에 부합하는 자연스러운 블로킹을 구현한다. 이는 군중이 단순한 배경이 아니라 서사의 중요한 한 축을 담당하도록 역할을 부여하며 장면의 몰입도를 높인다. 영화 〈월드 워 Z(World War Z)〉에서 좀비 떼가 도시를 덮치는 대규모 장면들은 통제 불능의 혼돈과 압도적인 위협을 군중의 블로킹으로 시각화한 대표적인 사례다. 생성형 AI는 이러한 장면에서 수많은 개별 개체가 하나의 거대한 유기체처럼 움직이며, 특정 방향으로 맹렬하게 돌진하거나 압력에 의해 무너지는 패턴을 학습한다. 또한 군중의 밀도, 이동 속도, 파괴적인 에너지 등이 서사적 긴장감과 공포를 극대화하는 블로킹에 어떻게 기여하는지 분석한다.

생성형 AI는 '극심한 혼란이나 패닉을 표현할 때는 무작위적이고 비선형적인 동선을 가진 다수의 인물을 좁은 공간에 밀집시켜 혼돈을 시각적으로 구현하는 블로킹'을 제안할 수 있다. 또한 '질서와 통제를 강조하는 군중 장면(예: 퍼레이드, 시위 등)에서는 각 인물의 동선을 정교하게 계산하여 일관된 흐름과 패턴을 유지하는 블로킹'을 제안함으로써 창작자가 의도하는 메시지를 군중의 움직임을 통해 효과적으로 전달하고 돕는다.

대규모 촬영의 효율성 증대: 프리 프로덕션의 발전적인 형태

생성형 AI 기반의 군중 블로킹 시뮬레이션은 프리 프로덕션 단계에서 다양한 시나리오를 미리 검토하고 최적의 블로킹을 확정할 수 있게 하여, 실제 촬영 현장에서의 시행착오를 줄이고 촬영의 효율성을 극대화한다. 기존의 블로킹 작업에서 감독과 스태프가 반복적인 리허설과 조율을 통해 수일간 고민하던 문제를 획기적으로 단축시킬 수 있다. 이는 제작 비용과 시간을 절감하는 데 직접적으로 기여한다.

가상 공간 블로킹 시뮬레이션: 무한한 가능성의 확장

다중 에이전트 강화 학습(multi-agent reinforcement learning)을 통해 군중 시뮬레이션을 수행할 수 있다. 이 방법은 여러 에이전트 그룹이 환경 속에서 자율적으로 행동하도록 학습한다(Torrey, 2010). 가상 공간 블로킹 시뮬레이션은 단순한 시각화 도구를 넘어 연출적 의도를 시험, 확장하는 실험실이다. 이미 빈번한 정도로 관심을 갖고 있던 분야다. 창작자는 물리적 세트나 배우 스케줄에 얽매이지 않고, 3D로 재구성된 무대를 무한히 변주하며 블로킹의 여러 변수를 조작해 볼 수 있다. 생성형 AI는 3D 가상 공간 내에서 다양한 블로킹 시나리오를 시뮬레이션하고 최적의 동선과 배치를 제안함으로써 창작자의 비전을 다각도로 시각화하고 기존에는 상상하기 어려웠던 연출을 현실화할 수 있게 돕는다. 이는 특히 프리비주얼라이제이션(Pre-visualization) 단계에서 강력한 도구가 된다.

실시간 블로킹 피드백: 즉각적인 검토

생성형 AI 기반 시뮬레이션 툴은 창작자가 의도하는 것을 실시간으로 3D 공간에 반영하여 즉각적이고 객관적인 블로킹 피드백을 제공한다. 이를 통해 창작자는 다양한 시도를 빠르게 해보고, 자신의 연출 의도와 일치하는지 검토하며 필요한 경우 즉시 수정할 수도 있다. 이렇게 생성형 AI는 영상 창작자에게 최적의 구도를 만들어 제안할 뿐만 아니라, 인터랙티브한 탐색 과정을 제공한다. 예를 들어, 실시간 렌더링 엔진(Unreal Engine)의 Virtual Camera 시스템과 실시간 퍼포먼스 캡처/모션 추적 툴인 Live Link를 통해 창작자는 간편한 태블릿 PC나 트래킹 장치로 가상 카메라를 조작할 수 있고, 동시에 신의 배우(모션 캡처/애니메이션)가 취하는 동작에 따라 블로킹을 즉시 확인 및 조정할 수 있다. 이러한 실시간 피드백 고리는 '시도, 관찰, 조정'의 반복을 극도로 단축시키며, 결과적으로 더 많은 창의적 실험을 허용한다(Issac Sim, NVIDIA).

다각도 시뮬레이션 및 카메라 앵글 연동

창작사는 단순히 '캐릭터를 어디에 위치시킬까?' 뿐만 아니라 '어떤 렌즈로, 어떤 포커스와 함께 그 사람을 어떻게 표현할까?'까지 동시에 검증할 수 있다. 이것은 미장센과 촬영 기술 그리고 정적인 배치와 동적인 움직임의 경계를 허무는 통합적 설계를 가능하게 한다(Wang et al., 2020). 다각도 시뮬레이션과 카메라 앵글 연동은 미장센과 촬영의 유기적 결합을 현실화한다. 생성형 AI는 가상 공간 내에서 다양한 카메라 앵글, 렌즈 설정, 조명 조건 등을 시뮬레이션 하여, 블로킹이 화면에 어떻게 담길지 미리 예측할 수 있도록 사전 검증한다. 이는 미장센과 촬영의 유기적인 관계를 강화하고 더욱 완성도 높은 결과물을 만들어 내는 데 기여한다. 생성형 AI는 특정 블로킹이 어떤 카메라 앵글에서 가장 효과적인지 혹은 어떠한 렌즈가 특정 심리적 효과를 극대화 할 수 있는지에 대한 제안까지 제시할 수 있다.

창의성 제약의 극복: 상상의 현실화

창의성 제약의 극복은 가상 블로킹 시뮬레이션이 가장 큰 가치를 발휘하는 지점이다. 생성형 AI는 물리적 제약이나 예산 문제 등으로 실제 촬영이 어려운 블로킹 시나리오를 가상 공간에서는 고층에서의 위태로운 블로킹, 수백 명의 엑스트라가 복합적으로 교차하는 복잡한 군중 동선 또는 비현실적 조명과 시점 조합까지 물리적 위험 없이 실험 가능하다. 이러한 시스템을 활용해 비용은 물론이고 현장에서 일어날 리스크도 절감하며, 창작자의 창의적 상상력을 현실화하는 데 도움을 준다. 중력을 거스르는 움직임, 수천 명의 인파가 동시다발적으로 복잡한 패턴을 이루는 장면 등, 기존에는 불가능했던 새로운 형태의 블로킹과 미장센 실험을 제한 없이 가능하게 한다. 이는 예술적 실험의 폭을 크게 넓혀준다.

생성형 AI 기술이 만드는 블로킹의 미래: 기술적 진보와 예술적 함의

생성형 AI의 블로킹 활용 능력은 영상 제작 과정에 혁신적인 변화를 가져올 것이다. 단순히 효율성을 증대시키는 것을 넘어, 미장센의 예술적 경계를 확장하고 새로운 창작 방법론을 제시하는 무한한 가능성을 열어준다.

창작자의 창의성 확대

생성형 AI는 블로킹에 대한 제안을 하는 보조 역할을 넘어, 창작자의 의도를 심층적으로 이해하고 더욱 창의적이고 때로는 전혀 새로운 블로킹 패턴을 생성하는 단계로 발전할 것이다. 예를 들어, 특정 대본의 분위기나 등장인물의 성격을 입력하면, 생성형 AI가 그에 맞는 독특한 블로킹을 스스로 생성하여 제시함으로써, 창작자는 생성형 AI가 제시하는 예상치 못한 시도로부터 새로운 영감을 얻을 수 있다. 이는 생성형 AI가 이제 영상 창작자의 창의성을 더욱 증폭시키는 협력자 역할을 수행하게 됨을 의미한다. 나아가 이것은 영상 미장센의 무한한 발전을 의미하기도 한다.

데이터 기반 미장센의 진화: 새로운 미학의 탄생

방대한 영상 데이터를 학습한 생성형 AI는 특정 장르(예: 필름 누아르, 코미디 등), 특정 창작자의 스타일(예: 알프레드 히치콕의 서스펜스 블로킹 등), 또는 특정 시대의 미장센 특성(예: 고전 할리우드 영화의 정형화된 블로킹) 등을 분석하여 이를 새로운 블로킹으로 재구성하거나 혼합할 수 있다. 이것은 기존의 블로킹 문법을 계승하면서도, 새로운 미학을 창조하는 데이터 기반 미장센의 시대를 여는 시작점이 된다. 생성형 AI는 단순히 과거를 모방하는 것을 넘어 학습된 지식을 바탕으로 예측 불가능한 시각적 구성을 제안하며 예술적 표현의 폭을 넓힐 것이다.

궁극적으로 생성형 AI 블로킹은 영상 창작자의 직관과 예술적 감각을 대체하는 것이 아닌, 이를 보완하고 확장하는 형태로 발전하고 있으며 앞으로도 그럴 것이다. 생성형 AI는 복잡한 계상과 시뮬레이션을 통해 창작자의 번거로움을 덜어주고 수많은 가능성을 탐색하며, 물리적 제약을 뛰어넘는 아이디어를 시각화할 수 있게 돕는다. 창작자는 생성형 AI가 제공하는 무한한 가능성 속에서 자신만의 독창적인 미학을 찾아가며 기술과 예술이 상호작용하여 시너지를 창출하는 새로운 창작 패러다임을 경험하게 될 것이다.

생성형 AI 기술이 제작 과정에 통합되는 영상 블로킹은 단순한 기술적 혁신을 넘어, 영상 미장센의 본질적 의미와 그 구현 방식에 대한 우리의 이해를 심화시키는 계기가 될 것이다. 생성형 AI는 공간과 인물, 카메라의 관계를 재정의하며, 서사와 감정의 층위를 더욱 깊고 섬세하게 표현할 수 있는 새로운 창작 방법론을 제시한다. 창작자의 시야를 보조하고 때로는 새로운 시각을 제안하며, 더 입체적이고 감각적인 미장센을 가능하게 한다. 본 장이 이러한 생성형 AI의 블로킹 활용 능력이 영상 제작 과정에 가져올 혁신적 변화와 그 예술적, 기술적 함의를 고찰하며 미래 영상 미장센의 지평을 탐색하고 넓히는 것에 기여하기를 기대한다. 앞으로는 누구나 생성형 AI의 도움을 받아 복잡한 장면을 설계하고, 감정의 흐름을 시각화할 수 있는 시대가 열릴 것이다. 이는 영상 창작의 대중화를 가속화하고 미장센의 예술적 표현 가능성을 무한히 확장할 것이다.

참고문헌

Cao, Z. et al.(2017). Realtime Multi-Person 2D Pose Estimation using Part Affinity Fields. *CVPR*, pp.7291~7299.

Greenlight Coverage(2024.11.15). The Godfather Opening Scene: In-Depth Analysis and Insights. https://glcoverage.com/2024/11/15/the-godfather-opening-scene-analysis-2/

Güler, R. A. et al.(2018). DensePose: Dense Human Pose Estimation in the Wild. *CVPR*, pp.7297~7306.

Katz, S. D.(1991). *Film directing shot by shot: Visualizing from concept to screen.* Michael Wiese Productions.

NVIDIA(2025). Isaac Sim. https://developer.nvidia.com/isaac/sim

Panayiotou, A. et al.(2025). Gen−C: Populating Virtual Worlds with Generative Crowds. arXiv:2504.01924.

Ranftl, R. et al.(2020). Towards Robust Monocular Depth Estimation: Mixing Datasets for Zero−shot Cross−dataset Transfer. arXiv:1907.01341.

Torrey, L.(2010). Crowd simulation via multi−agent reinforcement learning. *AIIDE, 6*(1), pp.89~94.

Vicol, P. et al.(2018). MovieGraphs: Towards Understanding Human−Centric Situations from Videos. *CVPR*, pp.8581~8590.

Jiang, H. et al.(2020). Example−driven Virtual Cinematography by Learning Camera Behaviors. *SIGGRAPH '20.*

07
알고리즘이 만드는 색채의 재해석

생성형 AI가 영상의 색채를 어떻게 인지하고, 해석하며 독창적으로 영상에 발현시키는지를 심층적으로 고찰한다. 또한 생성형 AI가 단순한 도구를 넘어 색채를 통한 영상 서사의 새로운 지평을 여는 창의적 협업자로서 어떻게 기능하는지 탐구할 것이다.

AI와 애니메이션?

빛은 파장의 연속 스펙트럼으로 존재하며, 물체 표면에서의 반사와 굴절 과정을 거쳐 인간의 망막에 도달한다. 이 과정에서 색채는 심리적, 문화적 상징성을 획득한다. 빛의 굴절과 물리적 파장으로 이루어진 색채는 그 자체로 물리적 속성을 지니는 동시에, 인간의 무의식과 감정에 깊이 관여하여 정서적 반향을 일으키는 강력한 시각적 언어다. 영상 미장센의 구성 요소 중 색채만큼 관객의 심층적 경험을 형성하는 요소는 드물다. 색감의 물리적 속성을 넘어, 색채는 서사의 잠재된 흐름을 암시하고 인물의 내면적 변화를 가시화하며 특정 시대의 문화적, 사회적 특성을 대변하기도 한다. 심리학자 에바 헬러(Eva Heller)는 색채가 감정과 연상 작용에 미치는 영향을 실험적으로 규명하며 붉은색은 흥분과 에너지를, 푸른색은 차분함과 신뢰를 유발한다고 발표했다(Heller, 2004). 오늘날 생성형 AI의 등장은 광범위한 영상 데이터셋과 이미지 레퍼런스 학습을 통해 감독의 고유한 색채 스타일을 정교하게 재현하거나 새로운 색채 조합을 창조하는 전례 없는 능력을 보여준다. 예를 들어, 장 피에르 주네(Jean-Pierre Jeunet) 감독의 영화 〈아멜리에(Amelie)〉에서 볼 수 있는 강렬한 녹색과 붉은색의 대비가 빚어내는 동화적 리얼리즘이나 왕가위(Wong Karwai) 감독의 영화 〈화양연화(In the Mood for Love)〉 속 채도 높은 색채들이 자아내는 축축한 고독과 멜랑콜리처럼, 거장들의 고유한 영상 언어는 그들의 독특한 색채학적 특징으로 깊이 각인되어 왔다. 이러한 고유한 미학은 오랫동안 창작자의 직관과 오랜 경험에 의존해 왔던 섬세한 감성의 영역으로 여겨졌다. 그러나 생성형 AI의 등장은 이 영상 색체 미술 패러다임의 근본적인 전환을 예고한다. 생성형 AI는 방대한 시각 데이터 속에서 색채 심리학, 기호학, 미학적 원리들을 데이터 상호관계 속에서 심층적으로 규명하고, 이를 통해 기존의 영상 미학을 확장하는 새로운 가능성을 제시한다. 이제 색채 연출은 인간의 직관과 경험에만 의존하지 않는다. 생성형 AI는 창작사의 과거 작품에서 색채 사용 패턴을 분석하고, 장면의 감정 곡선에 맞춘 새로운 색상 팔레트를 제안한다.

감성적 색채의 알고리즘적 해석: 데이터가 읽어내는 무의식의 언어

색채는 단순히 시각적 요소가 아니라 관객의 감성을 자극하는 정서적 언어다. 이것은 영상에서 색채가 차지하는 미학적, 서사적 위상을 함축한다. 영상 미장센의 구성 요소 중 색채만큼 즉각적이고 강력한 심리적 반응을 유발하는 요소는 드물다. 색채는 한 장면의 분위기를 결정하고 인물의 감정과 서사의 변화를 상징하며, 나아가 작품 전체의 정체성을 규정하는 핵심적인 역할을 수행한다. 전통적인 영화 제작에서 색채 연출은 창작자의 미학적 비전, 촬영 감독의 조명 설계, 미술 감독의 세트 색채 구성 등 여러 전문가의 협업을 통해 결정되는 아날로그적 산물이었다. 로맨틱 코미디 장르에서는 파스텔 계열의 부드러운 색채가 경쾌함과 친밀감을 강화했다. 1980년대의 신스웨이브(Synthwave) 미학에서는 네온 컬러와 보라, 청록 계열이 결합되어 미래적이면서도 복고적인 시각 경험을 제공했다. 그러나 생성형 AI의 등장은 이러한 색채 연출 과정을 데이터 기반의 귀납적 학습과 연역적 창조로 재편하고 있다. 생성형 AI는 방대한 영화 장면, 회화, 사진 데이터를 학습하여 특정 시대, 감독, 장르의 색채 패턴을 통계적으로 모델링한다. 이러한 학습 과정을 통해 생성형 AI는 특정 스타일을 정교하게 재현하는 것을 넘어, 텍스트 프롬프트라는 추상적 언어를 구체적인 색채 언어로 해석하는 놀라운 능력을 갖추고 있다. 예를 들어 '고요한 새벽의 숲속에서 느껴지는 신비로움과 약간의 불안감' 같은 복합적이고 시적인 요구사항은 생성형 AI에게 하나의 다차원적 문제로 여겨진다.

생성형 AI는 이러한 텍스트에 내포된 감정과 메시지를 분석하여 채도가 낮고 청록색이 감도는 색조를 기본으로 설정하면서 안개를 형상화하는 부드러운 회색과 미지의 존재임을 암시하는 미묘한 옅은 보라색의 악센트를 가미한 복합적인 색채 조합을 구현해 낼 수 있다. 이 과정은 '색채 심리학(Color Psychology)'의 원리, 즉 특정 색상이 유발하는 보편적인 감정 반응에 대한 학습을 기반으로 한다(Birren, 1961). 보색 대비(Complementary Contrast)나 유사색 조화(Analogous Harmony)와 같은 전통적인 색채 이론을 넘어서, 특정 분위기를 연출하기 위한 색상 스펙트럼의 미묘한 변주도 가능하게 한다. 생성형 AI는 수백만 개의 이미지와 비디오에서 '아늑함', '따뜻함'과 같은 추상적인 개념이 시각적으로 어떻게 구현되었는지를 학습하여 최적의 조합을 찾아낸다.

각 영상 장르가 갖는 색채 정보 데이터는 생성형 AI의 학습에 중요한 기반이 된다

필름 누아르(Film Noir): 대표 색상으로 블랙, 화이트, 딥 그레이, 짙은 레드가 사용되며 이는 긴장감, 비극적 서사, 도시적 고립 그리고 도덕적 모호함을 상징한다(Schrader, 1972).

로맨틱 코미디(Romantic Comedy): 파스텔 핑크, 라일락, 민트, 크림 옐로우와 같은 부드러운 색상을 사용해 경쾌함, 따뜻함, 정서적 친밀감을 나타낸다. 이는 시청자에게 편안하고 유쾌한 분위기를 제공한다.

공포 장르(Horror): 블러드 레드, 어두운 퍼플, 시안 블루, 딥 그린과 같은 색상이 주로 사용되며 불안, 공포, 초자연적 긴장감을 상징하고 때로는 광기나 죽음을 암시한다(Prince, 2000).

이처럼 인간의 직관이 순간적으로 포착하는 감성과 생성형 AI가 수백만 개의 데이터 포인트에서 추출한 가장 개연성 높은 시각적 표현이 결합하여 독창적인 결과물을 탄생시킨다. 더 나아가 생성형 AI는 영상의 서사적 흐름에 따라 변화하는 풍부한 색채의 개념을 도입한다. 예를 들어, 영상의 도입부에서 캐릭터가 겪는 혼란은 불안정한 보색 대비로 표현되다가 내면의 성장을 거치며 점차 안정되고 조화로운 유사색 조합으로 전환되는 '색채 시나리오(Color Scripting)'를 설계할 수 있다. 이는 영상의 스토리보드 단계에서 색채를 미리 계획하는 컬러 스크립트 개념과 유사하지만, 생성형 AI는 이 과정을 데이터 기반으로 더욱 정교하고 다양한 방식으로 제안할 수 있다.

이처럼 생성형 AI가 제안하는 색채는 고정된 미학적 선택이 아니라 서사의 호흡과 감정의 변화에 따라 유기적으로 진화하는 생명력을 지닌다.

색채 기호학과 시각적 수사학

각 색상은 그 색상을 바라보는 사람의 마음속에서 역사적으로 발전해 온 상징적인 의미를 지니고 있다. 이에 창작자들은 색상을 활용하여 관객의 잠재의식과 전반적인 프레임 인식을 유발한다(Kovsh & Dziuba, 2022). 색채는 단순한 미적 장식이 아니라 문화적 상징 체계와 심리적 연상 작용을 통해 서사의 층위를 깊게 만드는 강력하고 정교한 장치로 그 범위를 넓힌다. 색채는 하나의 언어이며, 그 자체로 하나의 정교한 기호학적 체계인 것이다. 생성형 AI는 방대한 데이터 학습을 통해 특정 색상이 지니는 문화적 의미와 심리적 효과를 파악하고, 이를 전략적으로 영상에 적용한다. 예를 들어, 붉은색은 서양 문화권에서 사랑, 열정, 힘을 상징하는 동시에 위험, 경고, 분노를 함의하며, 동양 문화권에서는 행운, 번영, 축복의 의미를 가질 수 있다. 흰색 또한 서양에서는 순수, 청결을 의미하지만, 일부 동양 문화권에서는 죽음과 애도를 상징하기도 한다. 실제로 2023년 크로아티아 자그레브

대학교 연구는 15개국 1200명을 대상으로 한 조사에서 붉은색이 긍정적 감정과 부정적 감정 모두에서 높은 연관성을 보인다는 결과를 발표했다(Svilicic, 2024). 초록색은 자연, 생명, 회복의 이미지를 주지만, 동시에 질투, 독성, 미숙함을 암시할 수 있다. 이처럼 색채의 의미는 사회적 약속과 심리적 반응에 깊이 뿌리내리고 있으며, 이는 문화적 배경에 따라 상이할 수 있다(Heller, 2004).

생성형 AI는 이러한 색채의 상징성을 학습 데이터로부터 추출하여 단순한 심미적 기능을 넘어 서사의 의미를 증폭시키는 시각적 수사학(Visual Rhetoric)의 도구로 활용된다. 생성형 AI는 특징 색채 조합이 관객에게 전달하는 메시지와 감성적 반응을 예측하고 이를 통해 가장 효과적인 미장센 전략을 제안한다. 예를 들어, 생성형 AI는 한 장면 내에서 인물의 권력 관계나 심리적 우위를 색채의 대비와 조화를 통해 전략적으로 배치할 것을 제안할 수 있다. 영화 〈대부(Godfather)〉에서 돈 코를레오네(Don Corleone)와 같은 지배적인 인물은 종종 어둡고 무게감 있는 의상과 배경 속에서도 뚜렷한 존재감을 드러내는 조명과 색채를 통해 시각적 방점을 제시한다. 반대로 심리적으로 위축되거나 주변 인물에 의해 압도되는 인물에게는 배경과 유사한 톤의 색상을 부여하여 그 존재감을 의도적으로 약화시키는 방법을 사용할 수 있다. 이러한 접근은 전통적인 영상 미장센의 기법과 일치하지만, 생성형 AI의 경우 수많은 사례를 분석해 가장 높은 효과를 낼 확률이 있는 색채 조합을 제안할 수 있다는 점에서 차별화된다. 또 다른 흥미로운 사례로, 〈매트릭스(The Matrix)〉에서 컴퓨터가 지배하는 가상 세계는 전반적으로 녹색 톤으로 채색된다. 이 녹색은 디지털 코드와 인공적인 느낌을 주는 동시에 미묘한 불안감과 현실과의 괴리감을 조성한다. 생성형 AI는 이런 사례를 학습해 특정 개념을 시각화하기 위해 배경 조명이나 필터의 색조를 점진적으로 강화하는 방식을 제안하고 활용할 수 있다. 관객이 명확히 인지하기 어렵게 불안감을 조성하여 심리적 긴장감을 고조시키는 효과를 만든다.

색채의 시각적 조화와 대비: 관객의 시선을 설계하다

생성형 AI 플랫폼은 색채 상징성을 AI 영상 생성기에 통합하여, 장면을 분석하고 제작자의 의도에 부합하는 색상 팔레트를 추천한다(Xia et al., 2025). 영상에서 색채는 시각적 미감을 높이는 장식이 아니라 관객의 심리와 감각을 정밀하게 조율하는 도구다. 특히 색상 조화

(Color Harmony)와 의도된 불편함을 야기하는 색상의 불협화음(Color Dissonance), 그리고 색상의 대비(Color Contrast) 원리를 깊이 이해하고 활용하여 관객의 시선을 효과적으로 유도하고 장면의 리듬을 조율한다. 이는 전통적인 색상환(Color Wheel) 이론에 기반한 개념들을 넘어, 관객의 시각적 지각과 심리적 반응을 데이터 기반으로 예측하여 적용하는 고도화된 접근이다. 보색 대비(Complementary Contrast) 전략은 색상환에서 정반대에 위치한 두 색상을 사용하여 특정 인물이나 오브젝트를 강조할 때 효과적으로 사용되며, 색채의 서사적 표현의 명확화를 돕는다. 반대로 유사색(Analogous Colors)을 통한 부드러운 색상 연결은 장면의 안정감과 연속성을 강화하는 데 기여한다. 관객이 장면에 안정적으로 몰입해야 할 때는 인접색이나 유사색 기반의 조화로운 색상을 구현하여 시각적 피로도를 최소화한다. 반면, 관객에게 충격이나 불안, 이질감을 전달해야 할 순간에는 의도적으로 심리적 거부감을 일으키는 색상 조합이나 극단적인 채도 대비를 활용하여 감정적 균열을 유도한다. 봉준호 감독의 영화 〈기생충(Parasite)〉에서는 계층 간의 극명한 긴장감과 대비를 표현하기 위해 색채 미장센을 교묘하게 활용했다. 상류층인 박 사장 가족의 저택은

따뜻한 주황색, 노란색, 베이지색 계열의 색조로 꾸며져 아늑하고 부유한 느낌을 준다. 반면, 반지하에 사는 김기택 가족의 공간은 차갑고 어두운 녹색과 회색 톤이 지배적으로, 습하고 음울한 분위기를 조성하며 그들의 사회적 지위를 시각적으로 강조한다. 생성형 AI는 이러한 사회 계급 서사를 강화하는 색채 연출 패턴을 학습하여, 특정 메시지를 전달하거나 인물의 심리적 상태를 반영하는 데 가장 효과적인 색채 대비 전략을 제안하게 된다. 또한 특정 인간은 불협화음의 색 조합에서 즉각적인 거부 반응을 보인다(Palmer & Schloss, 2010). 생성형 AI는 이 데이터를 활용하여, 감정적 충격을 극대화하는 순간에 최적화된 색채 조합으로 충격을 줄 수 있다.

이를 통해 생성형 AI는 관객의 지각 경로를 설계하고 통제하는 고도의 미장센 전략을 수행할 수 있다. 생성형 AI는 인간의 잠재적인 편견이나 습관적인 미학적 선택을 넘어 방대한 데이터에서 추출한 객관적인 통계적 분석을 통해 가장 효과적인 시각적 결과물을 제안할 수 있는 잠재력을 지닌다. 이는 창작자가 이전에 상상하지 못했던 새로운 시각적 경험을 제공하는 바탕이 된다.

생성형 AI의 등장은 영상 미장센, 특히 색채의 영역에서 다양한 가능성을 열어준다. 분명한 것은 생성형 AI가 제시하는 색채 미장센이 창작자의 감성과 상상력을 대체하는 것이 아니라, 오히려 창작자의 상상력을 증폭시키고 확장하는 새로운 차원의 파트너십을 열고 있다는 것이다. 인공지능은 인간이 미처 고려하지 못했던 무한에 가까운 색채 조합의 가능성을 탐색하게 하고, 추상적인 감정을 시각 언어, 즉 색채 미장센으로 구현하는 과정에서 새로운 영감을 제공한다. 또한 복잡한 상징 체계를 서사 전반에 걸쳐 일관되게 적용하거나, 여러 장면에서 미묘하게 변화하는 색채 스크립트를 정교하게 설계하도록 돕는다.

미래의 영상 창작 과정은 창작자의 철학적 비전과 생성형 AI의 미학적 제안이 상호작용하며 하나의 결과물을 빚어내는 과정이 될 것이다. 생성형 AI는 색채를 통해 영상의 감정적 서사와 시각적 리듬을 설계하는 새로운 미학적 가능성을 제시한다. 영상 미장센의 역사는 이제 창작자와 인공지능의 협업, 즉 공진화(Co-evolution)라는 장대한 서막을 열고 있다.

참고문헌

Birren, F.(1961). *Color Psychology and Color Therapy*. Citadel Press.

Heller, E.(2009). *Psychologie de la couleur: Effets et symboliques.* Pyramyd.

Kovsh, O. & Dziuba, M.(2022). Symbolism of color in cinema. *Bulletin of Kyiv National University of Culture and Arts. Series in Audiovisual Art and Production, 5*(2), pp.207~215.

Palmer, S. E. & Schloss, K. B.(2010). An ecological valence theory of human color preference. *Proceedings of the National Academy of Sciences, 107*(19), pp.8877~8882.

Prince, S.(2000). *Movies and Meaning: An Introduction to Film.* Allyn & Bacon.

Ramesh, A., et al.(2023). Hierarchical Text-Conditional Image Generation with CLIP Latents. OpenAI.

Schrader, P.(1972). Notes on Film Noir. *Film Comment, 8*(1), pp.8~13.

Sviličić, N., et al.(2024). Color Semiotics: Color as a Medium of Communicating Culture and Emotions. *Collegium antropologicum, 48*(1), pp.1~7.

Xia, D., et al.(2025). ColorGPT: Leveraging large language models for multimodal color recommendation. arXiv:2508.08987.

08
생성형 AI 영상 조명 미장센

생성형 AI가 영상 조명에 미치는 영향을 학습 과정, 심리 표현, 가상 시뮬레이션 그리고 새로운 미학적 가능성이라는 네 가지 측면에서 심도 있게 고찰한다.

AI와 인재 채용?

조명은 영상 미장센의 가장 근본적인 요소로서 단순한 물리적 광원을 넘어선다. 그것은 장면에 생명을 불어넣고, 감정을 덧입히며 서사의 숨겨진 의미를 드러내는 심미적 장치다. 빛과 그림자의 섬세한 조율을 통해 창작자는 관객의 심리에 은밀히 영향을 미치고 인물의 내면을 투영하며 공간의 깊이를 창조한다. 이처럼 조명은 오랜 시간 숙련된 촬영 감독과 조명 감독의 직관과 예술적 장인 정신에 의존하는 고도의 영역으로 여겨져 왔다. 초기 흑백 영화의 극적인 명암 대비부터, 프랑스 누벨바그 영화감독들의 자연광을 활용한 실험, 그리고 현대 블록버스터 영화의 복잡한 라이트 매핑 기술에 이르기까지, 빛은 늘 관객의 감정에 깊숙이 스며들어 서사의 밀도를 높여왔다.

프랑스 철학자 모리스 메를로퐁티(Maurice Merleau-Ponty)는 '빛은 단순히 사물을 드러내는 것이 아니라, 사물에 존재의 감각을 입힌다'고 말하며 조명의 본질을 꿰뚫었다. 조명의 예술성은 강도(Intensity), 방향(Direction), 색온도(Color Temperature), 확산(Diffusion) 등 여러 파라미터의 정교한 조합으로 완성된다. 광과 암영의 미세한 배치는 관객의 주의를 유도하고 내러티브의 암시적 의미를 생성한다. 예컨대 필름 누아르에서 키아로스쿠로(Chiaroscuro) 조명은 극단적인 명암 대비를 통해 강한 긴장감과 비극적 분위기를 형성하며, 이는 독일 표현주의 영화에서 유래한 과장된 그림자 연출과 연결된다(StudioBinder, 2025). 또한 프랑스 누벨바그 감독들은 인공조명 대신 자연광을 활용하여 현실감과 즉흥성을 강조하며, 이러한 조명 기법은 서사와 캐릭터의 심리적 깊이를 시각적으로 전달하는 데 중요한 역할을 한다(The collector, 2023). 그러나 이제 생성형 AI의 등장은 이 기존 방식에 변화를 가져오고 있다. 생성형 AI는 기존 조명 기법과 그 효과를 학습하고 즉각적인 시뮬레이션으로 창작 과정을 돕는다. 나아가 창작자의 상상력을 뛰어넘는 초현실적인 조명 설계까지 현실화하며, 영상 조명 미장센의 새로운 가능성을 제시한다. 제작 현장에서의 프리비주얼라이제이션(사전 조명 설계), 촬영 후 보정(리라이팅, 색 보정)을 통한 창의적 반복, 또는 저예산 환경에서의 가상 조명 활용과 같은 실무적 이점을 제시한다(Rao et al., 2024). 결론적으로 생성형 AI는 조명의 '결정'을 인간 촬영 감독이 단독으로 수행하던 전통적 패러다임에 도전하면서, 인간의 미적 판단을 확장하고 반복적으로 실험을 가속화하는 도구로 자리 잡고 있다.

생성형 AI 영상 조명 학습과 재해석

생성형 AI가 조명 설계 영역에 발을 들이는 첫걸음은 인류가 수 세기 동안 축적해 온 방대한 시네마틱 유산(Cinematic Heritage)을 학습하는 데서 시작한다. 생성형 AI는 수많은 영화와 드라마의 영상 데이터를 분석하며, 조명의 물리적 속성과 서사적 맥락 사이의 미묘한 관계를 파악한다. 딥러닝 알고리즘은 각 장면의 조명 특성을 추출하고, 인물을 입체적으로 부각하는 3점 조명(Three-Point Lighting)의 핵심 원리인 키 라이트(Key Light), 필 라이트(Fill Light), 백 라이트(Back Light)의 역할과 상호 관계를 식별한다. 나아가 극적인 대비를 통해 긴장감을 고조시키는 로 키(Low-key) 조명이나, 부드럽고 화사한 분위기를 연출하는 하이키(High-key) 조명의 미학적 효과를 이해하고 이를 데이터로 축적한다.

생성형 AI는 전통적으로 인물을 입체적으로 부각시키는 키, 필, 백 라이트의 균형 비율을 수천 편의 작품 데이터에서 통계적으로 분석하고, 각 구성의 변형이 내러티브와 인물 심리에 미치는 효과를 수치화한다(Thompson & Bowen, 2018). 이 과정은 단순히 특정 조명 기법을 모방하는 것을 넘어, 특정 감정이나 서사 표현에 가상 적합한 조명 설계를 제안할 수 있는 빛의 언어를 습득하는 것이다. 생성형 AI는 빛의 방향성과 색온도가 심리에 미치는 영향을 깊이 있게 학습한다. 예를 들어, 따뜻한 색온도의 빛이 아늑함이나 향수를 불러일으키고, 차가운 색온도의 빛이 도시적인 세련됨이나 불안감을 조성하는 경향을 파악한다. 정면광(Front Lighting)의 정직성과 평면성, 측면광(Side Lighting)의 입체적 대비, 역광(Back Lighting)의 실루엣과 신비감, 그리고 업라이팅(Uplighting)이 야기하는 위압적이고 기괴한 효과를 수많은 시각 자료 분석을 통해 학습한다. 이런 분석 데이터는 특정 캐릭터의 성격 묘사나 서사의 감정적 절정에 맞춰 최적화된 조명 제안을 가능케 하며, 이는 기존 촬영감독이 수년간의 현장 경험을 통해 습득해온 '감각'을 데이터로 재구성하는 시도라 할 수 있다.

생성형 AI가 기획하는 심리를 표현하는 조명

AI 기반 시스템은 자연어 처리를 통해 시나리오의 텍스트를 분석하여, 각 장면의 감정적 뉘앙스를 파악한다. 이를 통해 생성형 AI는 감독의 연출 의도를 빛으로 구현하는 창작 파트너가 될 수 있다. 예를 들어, 인물 간 갈등이 극대화된 장면에서 생성형 AI는 주인공의 얼굴 절반만을 밝히고 나머지를 그림자 속에 두는 반조명(Half

Lighting) 기법을 제안하여, 내면의 모순과 심리적 이중성을 시각적으로 부각한다. 반대로 로맨틱한 전개에서는 부드러운 확산광(Diffused Lighting)과 3000K 전후의 따뜻한 색온도를 조합해 안정감과 친밀감을 전달하는 조명 설계를 제시한다. 이러한 연출은 감정 심리학에서 밝혀진 '따뜻한 색온도의 조명은 사회적 유대감을 증진한다'는 실험 결과와도 맞닿아 있다(Baron et al., 1992). 생성형 AI는 인조광뿐만 아니라, 특정 시간대나 계정, 날씨에 따른 태양광과 자연광의 정교한 시뮬레이션도 만들어 낸다. 석양이 마법처럼 짧게 스쳐가는 '골든 아워(Golden Hour)'의 따뜻하고 부드러운 빛이나, 폭풍우 직전의 어둡고 차가운 빛을 가상 공간에서 완벽하게 재현하는 것이다. 이는 실제 촬영의 제약을 넘어 창작자가 원하는 자연광을 언제든지 활용할 수 있게 한다. 이러한 감정적 조명 설계는 감독과 촬영 감독의 창의적 상상력을 확장시키며, 기존의 인간 중심적 설계 방식과 상호 보완적인 관계를 형성한다.

가상 세계에서 조명 시뮬레이션

생성형 AI는 3D 렌더링 기술과 결합하여 가상 공간에서의 조명 시뮬레이션을 가능하게 한다. 대표적인 예시는

엔비디아의 옴니버스(Omniverse) 플랫폼이다. 이 플랫폼은 물리 기반 렌더링(Physically Based Rendering) 기법을 적용하여 현실과 거의 구분되지 않는 광학적 정확도를 구현한다. 생성형 AI는 수백 가지 조명 시나리오를 생성하고, 각각의 조명이 장면에 미치는 시각적, 정서적 효과를 예측하여 최적의 구성을 제안한다. 수십 개의 조명을 설치하고, 각도를 바꾸고, 색상을 변경하는 복잡한 작업을 단 몇 번의 클릭만으로 테스트할 수 있는 것이다. 이러한 시뮬레이션은 실제 촬영에 앞서 창작자가 의도한 조명 효과를 사전 시각화(Pre-visualization) 할 수 있게 하며, 촬영 현장에서의 시행착오를 최소화한다. 생성형 AI는 단지 사전 검증에 그치지 않고, 비현실적이지만 서사적으로 설득력 있는 그림자 패턴, 시간대와 기상 조건을 교차한 복합광 연출과 같은 실험적, 창의적 조명 디자인을 빠르게 탐색할 수 있게 하여, 촬영 현실의 물리적 제약을 넘어선 새로운 미장센을 제안한다. 결과적으로 촬영 시간과 비용을 절감할 뿐만 아니라 창작자의 상상력만으로는 예측하기 어려웠던 복잡하고 창의적인 조명 디자인을 마음껏 실험하고 최적의 결과물을 찾아낼 수 있도록 돕는다. 이처럼 생성형 AI는 정교한 미장센 설계를 가능하게 하며, 창작의 효율성과 혁신성을 동시에 높여준다.

초현실적 조명, 새로운 미학의 가능성

아이슬란드의 전위 아티스트 비요크(Björk)의 VR 뮤직 비디오 'Notget'에서는 생성형 AI 기술이 설계한 비현실적인 빛의 흐름이 공간과 유기적으로 융합되어 초현실적인 몰입감을 선사한다. 빛은 단순한 광원이 아니라 살아있는 유기체처럼 움직이며 비요크의 감정적 서사를 증폭시킨다. 이 작품은 매사추세츠 공과대학교(MIT) 미디어랩과 협력하여 제작되었으며, 생성형 AI가 실시간으로 음악과 퍼포먼스에 반응하는 조명 효과를 생성했다(Strange, 2017). 생성형 AI의 가장 흥미로운 잠재력은 초현실적 조명을 창조하는 데 있다. 현실 세계의 물리 법칙에 얽매이지 않는 AI 조명 설계는 기존 영상 문법을 넘어서는 새로운 미학적 가능성을 연다. 생성형 AI의 한 예시인 확산 모델을 활용해 단일 이미지에 있는 어떤 물체든 다양한 조명 조건으로 재조정(relighting) 할 수 있으며, 2D 이미지 데이터만으로도 사실적이고 고품질의 조명 효과를 생성한다(Jin et al., 2024). 예를 들어, 특정 오브젝트만을 비추는 집중광, 공기 중 입자에 의해 빛이 유영하듯 움직이는 효과, 공간 전체가 하나의 생명체처럼 숨을 쉬는 조명 등은 생성형 AI에 의해서만 설계될 수 있는 독창적인 기법이다. 이러한 기법은 특히 SF 영화, 뮤직비디오, 실험 영상 등에서 활용되며, 관객에게 기존과 차원이 다른 시청각적 경험을 제공한다. 생성형 AI는 특정 스타일을 분석하고 다른 장면에 적용하는 스타일 트랜스퍼(Style Transfer)를 시도하기도 한다. 바로크 시대의 화가 렘브란트나 카라바조와 같은 거장의 회화에 나타난 빛의 사용법을 분석하여, 그 스타일을 영상에 그대로 적용할 수 있다. 혹은 팀버튼(Tim Burton) 감독의 기괴한 조명이나 왕가위 감독의 네온사인 조명 스타일을 학습하여 새로운 장면을 재창조할 수도 있다. 이는 과거의 위대한 미학적 유산을 현대의 영상 언어로 재해석하는 창의적 시도를 가능하게 한다.

생성형 AI 기술은 빛과 그림자를 다루는 예술가들의 오랜 지혜와 인공지능의 데이터 기반 연산 능력이 결합된 새로운 창작 영역을 열고 있다. 생성형 AI의 등장은 조명의 설계 방식에 새로운 국면을 맞이하게 했으며, 이는 영상 미장센의 개념 자체를 재정의하고 있다. 생성형 AI는 기존의 조명 미학을 계승하면서도, 그것을 초월하여 빛과 그림자의 서사적 잠재력을 극대화한다.

참고문헌

Baron, R. A. et al.(1992). Effects of indoor lighting (illuminance and spectral distribution) on the performance of cognitive tasks and interpersonal behaviors: The potential mediating role of positive affect. *Motivation and Emotion, 16*(1), pp.1~33.

Bordwell, D. & Thompson, K.(2016). *Film Art: An Introduction(11th ed.).* McGraw-Hill Education.

Jin et al.(2024). Neural Gaffer: Relighting Any Object via Diffusion. arXiv:2406.07520.

Rao, P. et al.(2024). Lite2Relight: 3D-aware Single Image Portrait Relighting. *SIGGRAPH '24.*

Strange, A.(2017). Please, Björk, release this brilliant VR video in actual VR. Mashable. https://mashable.com/article/bjork-vr-music-video

StudioBinder(2025). What is Chiaroscuro in film? Definition, techniques, & examples. https://www.studiobinder.com/blog/what-is-chiaroscuro-definition-examples/

TheCollector(2023). How did German Expressionism shape film noir?. https://www.thecollector.com/german-expressionism-film-noir/

09
생성형 AI 사운드 미장센

생성형 AI가 어떻게 청각적 미장센을 활용하여 영상의 몰입감을 심화시키고 서사적 경험을 풍부하게 만드는지 심층적으로 논의하고자 한다.

AI와 기자?

영상 미장센의 전통적 이해는 화면 안에 놓인 시각적 요소들의 배치와 상호 관계를 중심으로 이루어져 왔지만, 소리, 특히 시간 공간 재질 정보를 전달하는 음향적 요소는 단순한 '감정 보조 장치'를 넘어 미장센의 구조적 지각 축으로 작동한다. 미장센의 청각적 차원은 관객이 화면 너머의 보이지 않는 공간을 상상하게 하고 장면의 깊이, 질감, 운동을 청취하도록 재구성하며, 이미지가 제공하지 못하는 서사의 암류(Implicit flow)를 드러낸다 (Chion, 1994). 그 본질은 단순히 시각적 배열을 넘어, 영화적 공간과 시간 속에 존재하는 모든 감각적 정보의 섬세한 조율과 구성에 있다. 이러한 관점에서 사운드는 시각 정보의 단순한 부속물이거나 감정을 고조시키는 보조적인 장치에 그치지 않는다. 그것은 보이지 않는 공간의 깊이와 질감을 조형하고, 서사의 이면에 흐르는 심리적 암류를 드러내며, 시간의 흐름을 표현하는 독립적이면서도 총합적인 '청각적 미장센'이다. 관객은 시각적 정보와 함께 귀를 통해 공간의 건축적 구조를 인지하고, 인물의 내면적 동요를 감지하며, 영상에 감정을 이입한다. 이처럼 소리는 영상의 물리적 경계를 허물고 무한한 상상력의 서사로 관객을 이끄는 핵심적인 매개체다.

최근 생성형 AI의 등장은 이러한 청각적 미장센의 구

축 방법론에서 존재론적 변화를 야기하고 있다. 생성형 AI는 영상과 사운드의 관계를 단순한 연결성을 넘어, 영상 미장센 데이터 간의 복합적인 상관관계로 규명한다. 이러한 인지적, 이론적 토대 위에서 생성형 AI는 '사운드적 시선'이라 부를 수 있는 새로운 분석 및 합성 루틴을 제시한다. 대규모 데이터 기반의 학습을 통해 시각 신호와 음향 신호의 동세적 상관관계를 포착하고, 시각적 기표(예: 재질, 운동, 충돌 지점)로부터 음향적 기의(예: 어떤 표면이 어떤 타격음을 낼지), 반대로 음향으로부터 보이지 않는 사건을 추론하는 능력이다(Arandjelović & Zisserman, 2017).

생성형 AI가 이해하는 장면과 소리의 관계

생성형 AI의 핵심적 특징 중 하나는 시각 정보와 청각 정보 사이의 다층적 상관관계를 인간 감각에 근접한 수준으로 학습, 재구성하는 능력이다. 인간이 비에 젖은 아스팔트의 시각적 질감만으로도 타이어가 미끄러지는 소리나 빗물이 고이는 소리를 상상하고, 광활한 사막의 풍경에서 침묵과 바람 소리를 기대하듯, 시각과 청각 경험은 본질적으로 깊이 연결되어 있다. 생성형 AI는 이러한 인간의 감각 능력을 그들이 갖는 고급 알고리즘 연산 능력을 통해 모방하고 확장한다. 수백만 시간 분량의 비디오-오디오 데이터를 학습함으로써, 생성형 AI는 특정 시각적 패턴과 그에 상응하는 음향적 결과물 사이의 복잡하고 미묘한 관계를 습득하고 이를 새로운 사운드로 구현한다. 이 과정은 단순한 객체 인식 기반의 효과음 매칭을 훨씬 초월한다. 생성형 AI는 프레임 내 움직이는 객체의 속도, 질량, 재질감을 모션 벡터(Motion Vector) 및 픽셀 변화 분석을 통해 정교하게 추론한다. 그리고 이에 가장 적합한 물리적 속성을 지닌 사운드를 생성하거나 방대한 사운드 데이터베이스에서 찾아낸다.

렐리야와 앤드류의 Look, Listen and Learn 프로젝트는 라벨이 없는 비디오에서 영상과 음향의 패턴을 자동 학습하여, 카메라에 포착된 물체 동작의 시각적 단서로부터 대응되는 음향을 예측하는 방식을 제안한다(Arandjelović & Zisserman, 2017). 이러한 내용을 생성형 AI에 학습할 수 있다. 예를 들어, 무거운 코트를 입은 인물이 낡은 나무 바닥을 걷는 장면에서 생성형 AI는 단순히 일반적인 '발소리'를 생성하는 것을 넘어선다. 코트 자락이 옷감의 재질감과 움직임 속도에 맞춰 스치는 마찰음, 인물의 체중과 나무 바닥의 구조적 특성을 반영한 삐걱거림, 그리고 공간의 크기와 재질에 따른 잔향

(Reverberation)까지 고려한 다층적인 사운드 디자인을 수행한다. 이는 생성형 AI가 고도의 시각적 해석 과정을 통해 장면의 물리적, 정서적 특성을 포착하고 이를 청각적으로 표현하는 능력을 보여준다. 더 나아가 생성형 AI는 개별 효과음을 넘어 장면 전체의 환경음, 즉 사운드스케이프(Soundscape)를 총체적으로 구축한다. 예를 들어, 구글의 AI Studio나 Meta의 AudioGen과 같은 연구 모델들은 텍스트 설명이나 시각적 입력을 기반으로 사실적인 오디오를 생성하는 능력을 보여준다(Borsos et al., 2023). 이러한 생성형 AI 모델들은 폐쇄된 지하 수로, 번잡한 도시의 거리, 고요한 설원 등의 영상 미장센을 분석하여 해당 공간의 음향적 특성을 구현한다. 폐쇄된 공간에서 소리의 반사가 많아 잔향이 길고 고주파가 억제된 먹먹한 사운드를 강조하며, 광활한 자연에서는 미세한 바람 소리, 멀리서 들려오는 동물의 울음소리 그리고 광활함 자체를 표현하는 공기감(Air Tone)을 강조하여 시각적 경험을 청각적으로 완성한다. 이로써 생성형 AI는 관객이 단순히 장면을 '보는 것'을 넘어 그 공간 안에 '존재하는 듯한' 현장감과 몰입감을 극대화한다. 생성형 AI가 만들어 내는 사운드는 시각적 미장센의 서사적 해석을 강화하는 청각적 텍스처로 작용하며 관객의

감각적 지평을 확장한다.

서사적 흐름을 따르는 생성형 AI 사운드

생성형 AI는 영상 전반적인 분위기와 감정적 리듬을 분석하여 장면에 어울리는 배경 음악(BGM)과 효과음(SFX)을 생성할 수 있다. 이는 AI가 비주얼 데이터를 분석하여 서사적 긴장감, 캐릭터의 감정선, 장면의 전환 등을 깊이 있게 고려하여 사운드를 생성한다는 것을 증명한다. 영상의 배경 음악은 서사의 정서적 궤적을 인도하는 가장 강력한 비재현적 사운드 요소가 된다. 생성형 AI는 영상의 시각적 스타일, 서사적 흐름, 인물의 감정선을 실시간으로 분석하여 이에 상응하는 배경 음악을 작곡한다. 예를 들어, Amper Music이나 Jukebox by OpenAI와 같은 AI 음악 생성 플랫폼은 특정 스타일, 분위기, 악기 구성을 입력하면 그에 맞는 음악을 생성한다(Dhariwal et al., 2020). 생성형 AI는 장면의 편집 리듬, 카메라 워크의 속도, 색채 톤 그리고 대사의 감성 분석 결과를 종합하여 음악의 템포, 악기 선정 및 편성 등을 결정한다. 긴박한 추격 장면에서는 빠르고 불협화음이 섞인 타악기 중심의 사운드를 생성하고, 캐릭터가 내면적 갈등을 겪는 클로즈업 장면에서는 느리고 미니멀한

선율의 현악기나 피아노 연주를 배치하여 관객의 몰입을 유도한다.

특히 주목해야 할 점은 생성형 AI가 라이트모티프(Leitmotif)와 같은 고전적 작곡 기법을 학습하고 변주하여 서사의 깊이를 더한다는 것이다. 특정 인물이나 주제 또는 핵심적인 사건을 상징하는 짧은 음악적 영감을 설정하면, 생성형 AI는 해당 인물이 처한 상황과 감정 변화에 따라 모티프의 조성, 리듬, 음색을 미묘하게 변주한다. 이는 영화 전반에 걸쳐 일관되면서도 유기적인 음악적 서사를 구축하여 관객에게 무의식적으로 서사적 단서를 제공한다. 예를 들어, 특정 악기 소리나 멜로디가 영웅의 등장이나 위험의 순간에 반복적으로 변주되어 나타나면서, 비재현적 사운드인 음악이 재현적 사운드인 효과음이나 대사와 상호작용하며 때로는 그 경계를 허물고 마치 장면 속의 또 다른 인물처럼 서사에 적극적으로 개입하게 만드는 시너지를 창출한다.

이러한 음악적 개입은 영상의 주제 의식을 강화하고, 관객의 감정적 반응을 섬세하게 조절하는 데 핵심적인 역할을 한다. 하지만 생성형 AI의 모델에 장르와 악기적 규약, 서사적 맥락을 충분히 학습해야 하며, 현재의 시스템은 작곡가 사운드 디자이너의 미세한 판단을 완전히 대체하지 못한다.

생성형 AI와 음성 연기의 초현실적 가능성

딥러닝 기반의 생성형 AI는 이제 배우의 목소리 연기를 단순한 복제 수준을 넘어, 영상의 감정과 맥락에 맞춰 능동적으로 조율, 창조할 수 있는 단계에 이르렀다. 생성형 AI의 딥러닝 기반 음성 합성(Speech Synthesis) 기술은 인물의 대사를 시각적 맥락과 조화롭게 조절하는 데 큰 변화를 가져오고 있다. 대사는 서사를 전달하는 가장 직접적인 수단이며, 배우의 음성 연기는 캐릭터에 생명력을 불어넣는 핵심 요소다. 딥러닝 기반의 음성-텍스트 변환(Text-to-Speech) 및 음성 변환(Voice Conversion) 기술은 음성 미장센의 영역에 패러다임의 전환을 가져오고 있다. 짧은 음성 샘플만으로도 특정 인물의 톤·억양·호흡 같은 미세한 특징을 학습해 녹음되지 않은 새로운 문장을 그 사람의 목소리로 생성하는 '제로 샷' 능력은 이미 연구적으로 증명되었고, 실제로 몇 초 분량의 음성만으로도 높은 유사도를 달성하는 모델들이 보고되었다(Wang et al., 2023). 예를 들어, Respeecher와 같은 생성형 AI 기술은 실제 배우의 목소리를 복제하여 과거 배우의 음성을 재현하거나, 새로운 대사를 기존 배우의 스타일로 생성하는 데 사용되고 있다. 기술적으로는 두 갈래가 핵심이다. 하나는 '목소리의 정체성'을 잡아내는 방법으로, 사람마다 다른 발성 패턴을 잡아 기술적으로 표현한 뒤 텍스트에서 음성 생성 과정에 조건으로 넣는 방식이 있다(Jia et al., 2018). 이 방식은 영상 후반 작업에서 대사를 수정하거나 추가할 때의 기술적, 시간적 한계를 극복할 수 있는 기회를 제공할 뿐만 아니라, 고인이 된 전설적인 배우의 목소리를 스크린에 부활시키거나, 현실에 존재하지 않는 완전히 새로운 가상의 목소리 페르소나를 창조하는 영역으로 나아간다. 다른 하나는 '음색 · 리듬 · 감정' 같은 음성 특성만 골라 바꾸는 목소리 변환(voice conversion) 기술로, 이는 이미 한 사람의 녹음을 다른 사람의 발성 스타일로 바꾸거나(스타일 전이), 적은 데이터로도 '제로 샷' 변환을 시도하는 연구들이 활발히 진행되고 있다(Kameoka et al., 2018). 기존에 녹음된 배우의 연기를 시각적 맥락에 맞춰 미세하게 조율하는 역할을 수행할 수 있다. 배우의 표정 연기는 절망을 표현하는데 목소리 톤이 그에 미치지 못할 경우, 생성형 AI는 해당 음성 파일의 운율과 음색을 미세하게 조정하여 시각과 청각의 정서적 불일치를 해소하고 연기의 완성도를 높일 수 있다. 이는 연출의 영역에서 창작자의 의도를 더욱 정교하게 구현할 수 있는 강력한 도구가 되지만, 동시에 연기의 본질과 배우의 주체성, 그리고 딥페이크(Deepfake) 기술의 오용 가능성에 대한 심도 있는 윤리적, 철학적 고찰을 요구하는 지점이기도 하다.

이 기술이 배우의 동의 없이 사용되거나 오도될 경우 발생할 수 있는 문제들에 대한 사회적 논의와 법적, 제도적 장치 마련이 필수적이다.

미래의 사운드 미장센과 생성형 AI의 역할

생성형 AI는 영상의 사운드 디자인을 기존의 포스트 프로덕션(Post-production)이라는 범주에서 벗어나, 기획 단계인 프리 프로덕션(Pre-production)부터 시각 요소와 함께 고려되는 '통합 미장센 설계'의 핵심으로 격상시키고 있다. 이는 단순히 효율성을 높이는 것을 넘어, 영상 사운드 디자인의 패러다임을 변화시키며, 인간 창작자의 한계를 넘어선 새로운 청각적 가능성을 제시함으로써 미학적 창조 과정의 확장을 알린다. 생성형 AI는 영상의 청각적 레이어를 시각적 요소와 동등한 창조적 미장센으로 격상시키며, 관객이 오디오와 비주얼이 융합한 콘텐츠를 보다 심층적으로 경험하도록 이끈다. 앞으로 생성형 AI 기반 사운드 디자인은 더욱 정교화되어, 사용자의 감정 반응이나 인터랙션에 따라 실시간으로 변화하고 적용하는 다층적 청각 미장센을 구축할 것으로 기대된다. 예를 들어 인터랙티브 스토리텔링이나 가상현실(VR), 증강현실(AR) 콘텐츠에서는 사용자의 움직임이나 시선, 심지어 생체 신호까지 분석하여 실시간으로 변화하는 사운드 스케이프를 제공함으로써 몰입감을 극대화할 수 있다. 이는 영상 예술의 서사적, 정서적, 공간적 표현력을 극대화하는 또 다른 진화의 단계라 할 수 있다. 궁극적으로 생성형 AI는 사운드 디자인의 보조 도구를 넘어, 인간 창작자와의 협업 파트너로서 기능할 것이다. 생성형 AI는 방대한 데이터를 기반으로 새로운 사운드 아이디어를 제안하고, 복잡한 사운드 레이어를 자동으로 구성하며, 창작자가 미처 생각하지 못했던 청각적 가능성을 제시할 수 있다. 이러한 협업을 통해 사운드 디자이너와 영상 제작자는 단순한 기술적 구현을 넘어, 더욱 대담하고 혁신적인 청각적 경험을 창조하는 데 집중할 수 있게 될 것이다. 이는 인간의 창의성이 AI의 연산 능력과 결합하여 만들어 낼 미래 영상 예술의 무한한 가능성을 시사한다.

참고문헌

Arandjelović, R. & Zisserman, A.(2017). Look, Listen and Learn. ICCV, pp.609~617.

Borsos, A., et al.(2023). AudioLM: A Language Modeling Approach to Audio Generation.

Bregman, A. S.(1990). *Auditory Scene Analysis: The Perceptual Organization of Sound.* MIT Press.

Chion, M.(1994). *Audio-Vision: Sound on Screen.* Columbia University Press.

Dhariwal, D., et al.(2020). Jukebox: A Generative Model for Music.

Jia, Y., et al.(2018). Transfer Learning from Speaker Verification to Multispeaker Text-to-Speech Synthesis. *NeurIPS 2018.*

Kameoka, H., et al.(2018). StarGAN-VC: Non-parallel many-to-many voice conversion with star generative adversarial networks. arXiv:1806.02169.

Kreuk, F., et al.(2023). AudioGen: Textually Guided Audio Generation.

Wang, C., et al.(2023). Neural Codec Language Models are Zero-Shot Text-to-Speech Synthesizers(VALL-E). arXiv:2301.02111.

10
생성형 AI 영상 미장센의 미래 전망

생성형 AI 기술이 영상 미장센의 영역에 가져올 다층적 변화를 심층적으로 탐구하며, 인간 창작자와 인공지능 기술이 공존하며 열어갈 새로운 영상 미학의 지평을 조망한다. 생성형 AI는 단순히 제작 공정을 효율화하는 도구를 넘어, 인간의 상상력을 초월하는 탈규범적 미장센의 출현, 관객 개개인에게 최적화된 '초개인화된 시각 경험'의 보편화, 그리고 메타버스와 같은 가상 세계에서의 새로운 서사 가능성을 제시하는 지능적인 협업자로 진화하고 있다. 인간과 AI가 공진화하며 열어갈 새로운 영상 미학의 미래를 그려본다.

AI와 미래 의사?

영상 예술의 역사에서 미장센은 단순한 배경 이상의 의미를 지닌다. 창작자의 세계관과 서사의 미학을 응축하여 관객에게 전달하는 핵심적인 시각 언어로서 조명, 색채, 구도, 의상 등 화면을 구성하는 모든 요소는 창작자의 치밀한 의도 아래 배치되어 감정의 결을 만들고, 내면을 암시하며 서사의 깊이를 더해왔다. 그러나 21세기 기술 지형의 격변을 주도하는 생성형 AI의 등장은 이러한 미장센의 창작과 분석의 패러다임을 근본적으로 뒤흔드는 코페르니쿠스적 전환을 예고하고 있다.

창작자의 역할 변화

기존 영상 제작 과정에서 미장센의 구현은 막대한 시간과 자본 및 인력이 투입되는 노동 집약적인 단계였다. 로케이션 헌팅, 세트 제작, 조명 설계 등 창작자의 비전을 현실로 구현하는 과정은 투쟁과도 같았다. 그러나 생성형 AI는 이 지점에서 창작자의 역할을 혁신적으로 재편한다. 이제 창작자는 단순히 만드는 사람이 아니라 무한에 가까운 시각적 기능 속에서 가장 적합한 것을 선택하고 조합하는 최종 디렉터 역할을 수행하게 된다.

예를 들어, 창작자가 특정 플랫폼에 '17세기 바로크 양식의 잠수함 내부, 웨스 앤더슨 스타일의 완벽한 대칭 구도와 파스텔 톤 색감으로'와 같은 구체적인 프롬프트를 입력하면, 생성형 AI는 방대한 데이터를 기반으로 독창적이고 전략적인 결과물을 제안한다. 창작자는 생성형 AI가 제안한 수많은 시각적 옵션 중 가장 적절한 것을 선택하고 미세하게 조율하는 역할을 맡는 것이다. 이러한 변화는 창작 활동의 질적 고도화를 이끌어 낸다.

물리적, 시간적 제약이 사라지면서 창작자는 더 이상 단순 반복적인 노동에 매달리지 않고, 본질적인 스토리텔링, 심층적인 서사 구조, 캐릭터의 감정선 등 창작의 핵심에 집중할 수 있게 된다. 넷플릭스 애니메이션 〈더 독 앤 더 보이(The Dog & The Boy)〉는 생성형 AI를 활용하여 배경 미술을 생성함으로써 제작 시간을 절반으로 단축시킨 대표적인 사례다. 이처럼 생성형 AI는 창작자의 고유한 미학적 DNA를 이해하고 구현하는 강력한 보조 도구가 되어 창작의 지평을 확장시킨다.

새로운 미학적 가능성과 탈규범적 미장센

인간은 경험과 학습의 산물이며, 기존의 장르적 관습과 시각 문법의 틀에 갇히기 쉽다. 그러나 수십억 개의 이미지와 영상 데이터를 학습한 생성형 AI는 이러한 한계에서 자유롭다.

인간의 지각 체계나 문화적 연상 작용을 초월하는 완전히 새로운 조합과 패턴을 창조하며 시각적 연금술사의 면모를 보여준다. 이것은 기존의 시각적 문법을 깨고 재해석하는 파격적인 시도를 가능하게 하며, 탈규범적 미장센의 시대를 열 것이다. 현실의 물리 법칙을 벗어나 역사적, 문화적으로 전혀 다른 시대의 양식을 아무런 위화감 없이 융합하여 비현실적이지만 완벽하게 설득력 있는 시각 세계를 구축할 수 있다. 예를 들어, 고대 그리스 조각상의 질감을 가진 인물들이 초현대적인 미니멀리즘 건축물 안에서 바로크 시대의 조명 아래 대화하는 장면은 인간의 상상력으로 쉽게 결합하기 어려운 요소들을 생성형 AI가 논리적 개연성을 뛰어넘는 미학적 개연성으로 엮어내는 것이다.

생성형 AI는 실사와 애니메이션, 다큐멘터리와 판타지가 한 화면에 공존하는 하이브리드적 미학을 탄생시키기도 한다. 애플 홈팟 광고 '웰컴 홈(Welcome Home)'에서 스파이크 존즈(Spike Jonze) 감독이 시도했던 실시간 공간 왜곡 실험을 생성형 AI가 이어받아 더욱 확장시킬 수 있는 가능성이 바로 여기에 있다.

개인 맞춤형 및 인터랙티브 미장센의 시대

미디어 소비의 개인화가 가속되는 시대에 미장센 역시 고정된 형태를 넘어 유연하게 변화하는 단계로 나아갈 것이다. 미래의 영상 콘텐츠는 시청자의 연령, 취향, 실시간 감정 상태에 따라 미장센의 요소들을 미세하게 조정하는 개인 맞춤형 미장센을 구축할 수 있다. 넷플릭스 인터랙티브 영화 〈블랙 미러: 밴더스내치(Black Mirror: Bandersnatch)〉와 같은 분기점 선택형 서사를 넘어, 관객은 VR 컨트롤러나 제스처 인식을 통해 화면 속 조명의 각도를 바꾸어 숨겨진 단서를 찾거나, 특정 소품을 클릭하여 그에 얽힌 이야기를 파생적으로 감상하는 등 인터랙티브 미장센의 주체가 될 수 있다. 이는 관객을 수동적인 관찰자에서 서사의 공동 창작자로 변화시키며, 영상 콘텐츠를 일회성 감상 대상이 아닌 무한한 가능성을 지닌 탐험의 공간으로 재정의한다.

메타버스 및 XR 환경에서의 생성형 AI 미장센

물리적 현실과 가상 세계가 융합되는 메타버스와 확장현실(XR) 환경에서 생성형 AI 기반 미장센의 잠재력은 폭발적으로 증대된다. 이러한 몰입형 가상 공간에서 미장센은 더 이상 고정된 배경이 아니라, 사용자의 행동과 의도에 실시간으로 반응하며 유연하게 생성되고 변화하는 살아있는 배경이 된다. 생성형 AI는 사용자의 아바타, 시선, 상호작용 등을 분석하여 최적화된 시각적 환경을 끊임없이 생성한다. 예를 들어, 메타버스 속 고성을 탐험하는 사용자가 특정 그림에 오랫동안 시선을 고정하면, AI는 이를 관심의 신호로 해석하고 성 전체의 조명을 사용자 선호에 맞춘 그림의 시대적 배경인 중세풍으로 미묘하게 바꾸거나 그림 속 인물과 관련된 유령 형상을 복도 저편에 희미하게 나타나게 만들 수 있다. 이처럼 생성형 AI 미장센은 사용자와의 상호작용을 통해 전혀 새로운 서사를 만들고, 물리적 한계를 초월한 새로운 형태의 스토리텔링과 시각적 경험을 제공하는 핵심 요소로 기능할 것이다.

새로운 예술의 책임과 과제

생성형 AI 기술의 새로운 미래 이면에는 우리가 반드시 숙고해야 할 윤리적, 철학적 질문들이 존재한다.

첫째, 저작권과 오리지널리티의 문제다. 인간의 프롬프트와 AI의 생성이 결합된 결과물의 저작권은 누구에게 귀속되는가? 프롬프트를 작성한 창작자인가? 생성형 AI 플랫폼을 개발한 기업인가? 아니면 AI 학습에 사용된 방대한 데이터의 원작자인가? 창작과 모방의 경계가 모호해지는 시대에 오리지널리티의 개념은 어떻게 재정의되어야 하는가에 대한 사회적, 법적 합의가 필요하다.

둘째, 딥페이크와 진위성의 위기다. 실제와 구분이 불가능한 가상의 미장센과 인물을 손쉽게 만들어 낼 수 있는 기술은 악용될 경우 가짜 뉴스나 여론 조작 등 사회적 혼란을 야기할 수 있는 강력한 흉기가 될 수 있다. 기술 발전에 발맞추어 생성된 콘텐츠의 출처와 진위를 판별할 수 있는 기술적, 제도적 장치 마련이 필수적이다.

셋째, 미학적 획일화의 우려다. 특정 생성형 AI 플랫폼이 시장을 독점할 경우, 해당 AI가 학습한 데이터와 알고리즘의 편향성이 전 세계 영상 미장센의 스타일을 획일화할 수 있다는 비판을 제기할 수 있다. 다양성과 창의성의 원천이 되어야 할 기술이 역설적으로 미학적 종속을 낳을 수 있다는 경계심을 늦추어서는 안 된다.

마지막으로, 아름다움과 예술의 본질에 대한 형이상학적 질문이다. 인간의 고유한 영역이라 여겨졌던 창의성과 예술적 감각을 생성형 AI가 모방하거나 능가할 수 있다면, 앞으로 우리는 예술을 무엇으로 정의해야 하는가? 이에 대한 답은 AI가 인간을 대체하는 것이 아니라, 인간의 창의성이 어디에 집중되어야 하는지를 다시금

깨닫게 하는 데 있다. 이런 시기일수록 인간의 미적 능력이 더욱 필요하다. 최종 선택과 결정, 작품에 담기는 철학적 메시지, 그리고 시대정신이야말로 대체 불가능한 창작자 고유의 가치임을 증명하게 될 것이다.

인간의 창의성을 증폭시키는 강력한 촉매제

생성형 AI가 가져올 영상 미장센의 미래는 디스토피아적 대체가 아닌 유토피아적 협력이 되어야 한다. 생성형 AI는 창작자의 상상력을 물리적, 시간적 제약으로부터 해방시키고 시각 언어의 문법을 확장하며 관객에게는 전례 없는 몰입형 경험을 제공하는 강력한 촉매제가 될 것이다.

창작 과정의 고통스럽고 단조로운 노동을 생성형 AI에 위임함으로써 인간은 더욱 본질적인 스토리텔링과 미학적 탐구, 그리고 영상에 담아낼 메시지에 몰두할 수 있게 된다. 결국, 생성형 AI 시대의 미장센은 인간의 깊이 있는 메시지와 생성형 AI의 무한한 가능성이 결합하여 빚어내는 새로운 예술 양식이 될 것이다. 인간과 기술이 함께 만드는 영상 예술의 새로운 챕터는 이제 막 첫 페이지를 넘기고 있으며, 우리는 이 혁신적인 순간을 함께하고 있다.

생성형 AI와 어떻게 공존해야 하는가

인류는 언제나 새로운 도구와 기술을 통해 자신의 세계를 확장해 왔다. 붓과 캔버스에서 필름 카메라로, 아날로그에서 디지털로, 그리고 이제 우리는 생성형 AI라는 새로운 기술과 함께 창작의 지평을 넓히고 있다. 이 책은 그 여정 속에서 영상 미장센의 변화와 가능성을 탐구한다. 책의 마무리 시점에서 다시 한번 질문해 본다. 생성형 AI가 그려낸 미장센은 과연 누구의 시선인가? 우리는 그 생성형 AI와 어떻게 공존해야 하는가?

영상 미장센은 본질적으로 인간의 감각과 표현하고자 하는 메시지가 집약된 공간이다. 카메라의 시선, 조명의 온기, 색채의 정서, 소품의 배치까지 모든 요소가 서사를 품는다. 생성형 AI는 이 영역에 새로운 질서를 가져왔다. 수많은 데이터와 알고리즘을 통해 계산된 이미지들은 때로 인간의 상상을 능가하는 미적 조합을 만들어 낸다. 그것은 기존의 미장센이 담고 있던 메시지와는 다른 또 하나의 창작 주체로서의 생성형 AI의 등장이다.

이러한 변화는 단순히 기술적 발전으로만 읽힐 수 없다. 인간과 생성형 AI의 협업은 영상 제작의 패러다임을 근본적으로 재편하고 있다. 과거에는 감독과 디자이너의 머릿속에만 존재하던 이미지들이 생성형 AI 기술을 통해 즉각적으로 시각화되고, 복잡한 시뮬레이션과 스타일의 실험이 실시간으로 가능해졌다.

미래의 미장센은 분명히 이전과 다를 것이다. 하지만 그 중심에는 여전히 인간의 메시지가 있어야 한다. 생성형 AI가 제안하는 수많은 가능성 속에서 진정한 미학적 가치를 선별하고, 새로운 서사를 만들어가는 것은 결국 창작자의 몫이다. 생성형 AI 시대에 창작자의 역할은 더욱 중요하다. 우리는 생성형 AI를 도구로만 바라볼 것인가? 아니면 공존하는 창작 주체로 인정할 것인가? 이 질문에 대한 답은 각 창작자와 개인의 선택에 달려 있다. 이제 우리는 중요한 문턱에 서 있다. 영상 미장센은 더 이상 카메라 안에만 존재하지 않는다. 그것은 데이터와 알고리즘 그리고 인간의 상상력이 교차하는 지점에 새롭게 태어나고 있다. 기술은 변화를 이끌지만 그 변화에 의미를 부여하는 것은 인간이다. 기술과 인간의 교차점에 미래의 미장센이 존재할 것이다.

고재형

전주대학교 시각디자인학과 조교수다. 학생들의 영상 전공에 대한 미래 고민을 듣고 그들의 성장을 돕고 있다. 더 깊이 있는 연구와 교육을 위해 영상 관련 다양한 논문을 집필하고 연구 활동 중이다. 최근에는 생성형 AI 기술을 활용한 영상 제작과 생성형 AI 기술을 활용한 영상 교육에 대한 연구에 집중하고 있다. 주요 연구로는 "생성형 AI 영상의 미장센 유형 분석 연구", "생성형 AI 기술기반 영상제작 수업을 위한 PBL 교육방안", "영상 패러다임에 따른 생성형 AI 활용 영상 제작 교육의 방향성 연구" 등이 있다. 한국공간디자인에서 주관한 중국 닝보대학교 개인전에도 생성형 AI 기술 기반 작품을 출품하며, 영상 예술 작품 활동도 이어가고 있다.